PRE-STEP
01

プレステップ

政治学
＜第3版＞

甲斐信好/著

渡辺利夫/シリーズ監修

弘文堂

はじめに

　皆さんは、「政治学」と聞いてどんな感じがしますか？　「難しそう」「私には関係ない」「なんか政治ってやだなぁ」……そんな印象を持っている人も多いのではないでしょうか？

　でも考えてみてください。消費税を上げたり、法律を決めたり、やっていいこととやってはいけないことを分けたり、皆さんの生活の隅々にまで、実は「政治」が関わっています。極端に言えば、政治が過ちをした時、私たちは戦いたくもない戦争に参加させられることだってあるのです。

　政治学＝難しい、という背景には、それを伝える立場の私たち教員に問題があったことも事実です。

　「難しいことをやさしく　やさしいことを深く　深いことを面白く」——劇作家・井上ひさしさんの言葉です。でも、「難しいことをやさしく」どころか、「難しいことをさらに難しく」教えていなかったか、自分の姿をふり返ってみても反省することばかりです。

　学問を「やさしく、深く、面白く」伝えよう！　そんな思いからこの「プレステップ」シリーズは生まれました。「プレステップ政治学」では、1人の国民として、有権者としてどのように政治に関わっていくか、できるかぎりわかりやすく説明したつもりです。私を叱咤激励し、二人三脚で走ってくださった編集者の外山千尋さんに心より御礼申し上げます。

　私はかつて、政治家のスタッフとして政策作りに参加していました。そこで痛感したのは、ルールはルールを作る人間に都合よく作られる、という冷徹な事実です。世の中の仕組みがどうなっていて、自分たちの国の方針がどう決められているのか、それを知らないと皆さんの人生も都合よく利用されるだけになってしまいます。

　デモクラシーの国において、政治家と国民は車の両輪です。しっかりとこの国の行方を見据え、未来に参加する。自分の人生の「主人公」として生きる。そのためにもまず「政治」の姿を理解することからはじめませんか。

　2020年3月1日

甲斐信好

甲斐信好著
『プレステップ政治学』〈第3版〉

目 次

恵美

文学部2年生。政治にはまったく興味も知識もないまま有権者になりそうな自分にちょっと焦り、政治学を履修。一見無邪気だが、政治に詳しくなれば就活にも有利だし、就職後も上司との世間話ネタができそうだという計算もしっかりしている現実派。

康介

法学部2年生。行政法を学ぶ上で政治の知識が必要だと実感して政治学を履修。地方公務員を目指しているが、試験対策として主要各紙の「見出しだけ読む」習慣を続けるうちにジャーナリズムにも興味が出てきた。世の中を厳しく見つめるリアリスト。

健太

経済学部2年生。将来は起業するつもりでアルバイトをかけもちしているため、たまたま空いていたコマの政治学を履修。最近は、営利を追求する事業よりもNPOを立ち上げて社会貢献をするほうが自分に向いているのではないかと迷っている。理想主義的なリベラリストで映画好き。

生き延びるための政治学

◆ 何のために政治を学ぶのか

　　政治を勉強するのは何のためでしょうか。筆者の答えは、「生き延びるため」です。平和で、豊かな日本でいるために。少しでもより良い未来をつくるためには、みなさんが政治について自分なりに考え、意見をもつことが大事なのです。

　　政治は世の中のすべての出来事に関わっています。法律や政策など、してよいこと、してはならないことのルールはどのように決められるのか。戦争にならないように、政治を暴走させないためにはどうすればよいのか。グローバル時代に生き延びるために大切なことは何か。政治を理解することは、私たちの日常生活すべてに関わってきます。言ってみれば政治は総合芸術なのです。

◆ グローバル人材とはなんだろう

　　大学や企業の説明会で、グローバル人材が求められているという話をよく聞きます。情報網や物流の発展にともなって、政治も経済も社会も人の流れも、私たちの日常生活が国境線にとらわれないグローバルの時代に入ったことは、否定しようがありません。

　　では、このような時代に活躍できるグローバル人材とはどのような人をいうのでしょうか？　英語を始め語学に通じていることはもちろん重要です。しかしそれ以上に、今、地球規模では何が起こっているのか、何が問題になっているのか、国際政治の最前線を知っていることがもっと大事なのです。

　　そして、国が違っていても人が求めるものは何か、理想と現実の複眼思考で世の中を見ることができなければなりません。政治も企業活動も、グローバルな視点からとらえることができなければ、日本は国際社会から取り残されかねません（いや、すでにそうなっているのかも……）。筆者は「やばいぞ、日本」と思っています。

◆ 政治学のテーマは「権力」

　　政治学とは、「権力」について学ぶ学問です。権力とは、「あなたのしたい

ことをやめさせたり、したくないことをさせたりすることのできる力」のことです（第1章で扱います）。社会の中ではいろいろな法律や政策を決めねばなりません。通常、私たちは選挙によって代表者（つまり政治家）を選び、その政治家が作ったルールに従って暮らしています。もちろん権力が暴走しないように、さまざまな仕組みが施されています（その仕組みを第2章から第4章で学びます）。

　政策は政策をつくる人に都合のいいようにできています。法律の文言を少し変えただけで、多くの人が泣き、喜ぶのが現実です。

　みなさんが政治の仕組みに興味を持たず、政治家に任せきりにしたらどうなるでしょうか？　若者が政治に関心をもたない、有権者として相手にしなくてよい存在であれば、政治家はそちらを向きません。結果として自分の首を絞めることになります（事実、そうなっています）。私たちの日常生活にかかわる政治とはどんなものか、政策はどのように決められるのか知ることも大切です（第5・6章で学びます）。

 戦争を起こさせないための政治学

　政治の最も悲惨な失敗が戦争です。「よい戦争などない」。筆者はそう思っています。

　政治学の中でも、国際政治学は「戦争をやめるため」に生まれた学問です。第7〜9章では、「なぜ人間は戦いをやめないのか」から出発して国際政治学を学びます。目的は、少しでも平和な世界に向かって進むことです。そのために何ができるのでしょうか。

　現実にグローバルな社会では何が起きているのでしょうか。日本人は豊かさと平和を当たり前のものと思っている、とよく言われます。これからグローバル化が進む中で、生き抜くためには、どんなことが大事でしょうか。

　第10章から12章は地球上で実際に問題の起きている地域を取り上げながら、宗教、民族、民主化など、グローバルなトピックについて考えます。巨大な隣人・中国との付き合い方や地球社会の課題を知ること（第13・14章）は、ダイレクトに私たちの未来に影響します。

 アフリカ＝国際政治のフロントライン

　筆者は毎年、学生とともにルワンダをはじめとするアフリカの国を訪れています。理由は、私たちの知らない「国際政治の最前線」がそこにあるからです。

　ルワンダという国を知っていますか。近年は経済発展がめざましく、欧米

の雑誌では「アフリカでもっともビジネスに適した国」に選ばれています。しかしこの国が世界中から注目されたのは、大虐殺というショッキングな事件のためでした。

1994年、ジェノサイド（大量虐殺）の嵐がルワンダを覆います。4月から7月までたった3か月の間に、780万人（当時）の人口のうち、推定80万人が虐殺されたのです。20世紀最大の悲劇ともいわれるこの事件は、長年支配層にあったツチに対する多数派フツの怨念が原因とも言われていますが、真相はもっと深いところにあります（ルワンダの悲劇については第11章「民族と国際政治」で詳しく扱います）。

日常生活に欠かせない地下資源をめぐる争い、大国の思惑、国連の限界…それは「国際政治の最前線」そのものです。アフリカは私たちと無関係ではありません。

ルワンダの虐殺は、政治の究極の悲劇をあらわしています。

時に政治は国民に牙を剥きます。政治が国民の一体感を高めたいときに使う方策は、自分たちの集団の内部に仲間はずれを作るか、自分たちの外に共通の敵を作って集団を一致させるかです。何か起こったら、一方が悪いと言い立てる政治（Poor Politics）です。ヒトラーのユダヤ人虐殺、ルワンダの大虐殺を始めその例は枚挙にいとまがありません。政治の危険性を知らなければ、私たちもそのような悲劇に見舞われるかもしれません。

 これからの日本をどうするか

アフリカに在住する日本人は多く見積もっても1万人以下ですが、中国人は100万人以上です。アフリカでの中国は、政府の支援、企業の投資、市場での存在感など、政治と経済の両面ではるかに日本の先を行っています。そして国連の大きな部分を占めるアフリカ諸国の支持もしっかりと取り付けています。アフリカ全土で日本の存在感は悲しいほどわずかです。

「グローバル・コリア」を標榜する韓国が中国の後を追っています。日本は圧倒的なゲーム差をつけられているというのに、そのことを私たちはほとんど知らず、危機感を抱いていません。やばいぞ、日本。

グローバル時代は世界の情勢を理解することがまず必要です。2020年のオリンピックは東京で開催されます。まさしく、世界中の目が、日本に集まる瞬間です。私たちはどんな日本を築くのか。それを考えながら読み進めていただければと思います。

第1章 権力（パワー）とは

政治学のテーマ

政治学の授業でいきなり「やばいぞ、日本」なんて言われても困っちゃうな。べつに政治家になりたいわけじゃないのに、なんで政治学なんか勉強するんだろう？グローバル化って英語が話せればいいんでしょ？

甘いなぁ。世の中は全部「政治」で動いているんだよ。消費税アップだって、僕たちの将来だって、決めるのはみんな政治じゃないか。「ゆとり教育」に変えたのも、やめたのも政治でしょ。世の中がどんなふうに決まっていくのか知らなかったら、ただ使われるだけの人生になってしまうぞ。

グローバル人材に求められるものって、英語力だけじゃないらしいよ。就活のときだって、政治の話題についていけて、国際社会の動きまで説明できちゃったらかっこいいよね。

政治は皆さんの毎日の生活に深くかかわっています。政治学は現在の政治の仕組みを学ぶだけでなく、歴史を振り返ったり、未来を考えたりするスケールの大きな学問です。世の中の仕組みを知り、しっかりとした自分の意見を持つために、政治学を学んでいきましょう！

この章で学ぶこと
- ●「政治」とは何か
- ● 政治学のテーマ「権力」について
- ● 権力の裏付けとなる3つの「正統性」

1　政治学のテーマは「権力」（パワー）

　政治学の目的は、政治家が行っている活動を学ぶことではありません。

　私たちの毎日の生活は、すべて政治に関係しています。みんなが従わなければならない何かを決めていくこと、それが政治です。私たちの生活のそばに必ず政治はあります。この章では皆さんの生活、そして人生そのものに「政治」が深く関わっていることを理解していただければ幸いです。

　政治学の本質は「権力（パワー）」です。では、権力とは何でしょうか？

　政治学のテーマは**「権力」（パワー）**です。
　権力とは、「あなたがしたくないことをさせることができる力」、または、「したいことをやめさせることのできる力」のことです。

　国家や政党の間には権力の均衡や権力の差があり、現実の政治はそれによって動いていると言っても過言ではありません。マスコミの報道などでは、より強い権力をもっている者（多数派政党や首相など）が政治を動かしているようにみえます。

　しかし、日本はデモクラシーの国です（第2章参照）。デモクラシーの国では、国の方針を決める権力は国民にあります。つまり、皆さん一人ひとりにこの国の将来を決定する義務と権利があるのです。皆さんの未来にも政治が深く関わっています。

❗ したくないことをさせる魔法の力、権力

　心の中では「授業をさぼって遊びに行きたい！」と思っていても（実際にそうする人もいるでしょうが）、多くの学生が講義に参加するのは、授業が面白いからだけではなく、大学に「単位を与える」とか「卒業証書を授与する」（＝大学卒の資格を与える）といった権力があるからです。

　また、本体100円のミネラルウォーターを買ったとき、いままでは5％だった消費税が10％に値上がりすれば、支払う金額は105円から110円になります。「自分は増税に反対だから105円しか払いたくない！」と思っても、払わずに済ませることはできません。つまり、権力には、あなたがしたいことをやめさせたり、逆にしたくないことをやらせたりする力があります。権力には強制力があるのです。

　例を挙げてみましょう。仮にあなたがある企業の社長で「今年は赤いネクタイを流行させたい」と考えているとします。企業家として最初に考えるこ

とは、赤いネクタイをどのくらい生産するか、コストはどのくらいで自分の儲けはいくらか考えて価格を決めることでしょう。人々にどうやって赤いネクタイを買ってもらうか、つまりマーケティングにも知恵を絞らねばなりません。「今年は赤いネクタイが流行ですよ」とか「女の子にもてるには赤いネクタイでなければだめ」という宣伝も大事ですね。

しかし、もしあなたが政治家ならば、赤いネクタイを流行させるのはもっとずっと簡単です。そう、強制力を使えばよいのです。「国民はすべて赤いネクタイをすること。そうでない人は処罰する」という法律を制定する。これだけです。これが経済と政治の違いです。[1]

権力は顕在化して（見えるかたちになって）法律や政策、警察力や軍事力などの形であらわれることが多いのですが、見えないかたちになっている権力もあります。

教育を通して刷り込まれていたり（「わが国の国民はこのようにふるまわなければならない」とか）、気がつかないうちに信じ込まされていたり（「世の中が悪いのはあいつらのせいだ！」とか）、特定の思想や主義以外の考え方を捨てさせる（これを洗脳といいます）場合もあるのです。[2]

*1　政治と経済の違い
この例からもわかるように、経済学のテーマは「お金」で、政治学のテーマは「権力」である。どちらも大きな力をもっているが、使い方も効果もまったく違う。大学で学ぶ学問は分野別に発達してきたため、それぞれに異なったフレーム（枠）や用語を使用することも多く、注意が必要である。

*2　洗脳　brain washing
自分が当然だと思っていたことが、じつは洗脳の結果だったという経験がないかどうか、考えてみよう。「疑う」ということの大切さを知ってほしい。

やりたいことをやめさせたり…

でも…

政治学

やりたくないことをやらせたり…

100円の商品で110円払うの？

100円コーナー

でも…

110円になります

そんな力を　パワー（権力）　といいます。

❗ なぜ国によって違いがあるの？

ある国では「してもいいこと」が、ある国では「してはいけないこと」になる場合もあります。

たとえば、麻薬は世界の多くの国では違法（してはならないこと）ですが、

オランダなど一部の国では麻薬の種類や条件付きで合法（してもいいこと）です。一方で東南アジアの国や中国のように、麻薬を一定の量所持しているだけで死刑になる場合もあります。

　また、カトリックの一部の国（フィリピンやボリビア、コロンビアなど）では妊娠中絶は殺人と同じ罪です。そのため、中絶目的で近隣のカトリックの国から隣の国に移動することもあります。中絶は決していいことではありませんが、ある国では合法、ある国では殺人では、違いが大きすぎます。

　考えてみるとこれは不思議なことです。自分で望んでいることができなかったり、自分が望んでいないことをやらなければいけなかったり、誰がどうして決めたのでしょう。またある国ではしてよいことが、他の国ではしてはならないことになるのはなぜでしょうか。

2　正統性（レジティマシー）──権力を裏づけするもの

ポイント

権力が強制力として通用することを担保（裏づけ）しているのが「正統性」（Legitimacy；レジティマシー）です。

❗ 政治は正統性から権力をもらっている

　日本や西欧諸国のように、デモクラシーと呼ばれる政治体制の国では、正統性は「私たちの選んだ代表が決めたことだから、従わなければならない」という道理です。

正統性は「道理にかなっている」という意味で「正当性」と書く研究者もいます。

　私たち（国民）はある一定の年齢に達すると、自分たちの代表である政治家を選ぶ権利（選挙権）を持ちます。あるいは自分自身も政治家に立候補する権利（被選挙権）ができます。

　その政治家（国会議員）が、「国民のために何が望ましいか」を考えて政策を実行し、法律を作ります。私たちは自分たちが選んだ代表が決めたから従わなければならない、という理屈です。（もちろん、現実がこのとおりかどうかは大いに疑問です。このことについては次の第2章で扱います。）

　世界にはデモクラシーでない国も多数存在します。たとえば中国は共産党の一党支配の国ですし、軍部や一部のグループ、王族が支配している国も存在します。いずれもその国なりの正統性が存在しています。正統性を保証されているのはデモクラシーだけではないのです。

❗ 正統性の３つのパターン

マックス・ウェーバー
1864〜1920
ドイツの社会学者。国会議員の息子として生まれた。主著『プロテスタンティズムの倫理と資本主義の精神』の影響は社会科学全般に及んでいる。

マックス・ウェーバーという20世紀の初頭に活躍したドイツの社会学者がいます。彼は政治学や経済学など社会科学全体に大きな影響を残しました。ウェーバーは、人が人を支配するということを支える正統性には３つのパターンがあると言っています。

①合法的支配、②伝統的支配、③カリスマ的支配です。

合法的支配とは、形式的に正しい手続き（法律）によって定められた支配です。何が正しいか正しくないか、それを判断するのは法律で、ある人がやったから正しい、ある人はだめだ、ということはありません。スピード違反は誰がやっても違反で、人によって刑罰が違うことはありませんよね。もし人によって扱いが違うなら、それは合法的ではありません。

先のデモクラシーはこれに当たります。日本では18歳になれば選挙権が与えられ、私たちは選挙によって自分たちの代表を選びます。法律や政策はその代表によって決められたのだから、私たちは例外なく従わなければならない、ということです。

伝統的支配とは、昔から存在する秩序と神聖性によって支配することです。たとえば、神様によって王様が定められたとか（王権神授説といいます）、代々続いた王家が国民を支配している場合などはこの典型です。現在でも中東の国々やアジアのブルネイなど絶対王政の国があります。

＊3　カリスマ
超人的・神秘的な力を感じさせる能力を持った指導者。「神の賜物」というギリシャ語が語源。

最後のカリスマ的支配は、１人のカリスマ＊³に多くの人が従う場合です。超人的なリーダーが、あたかも神のようにすべてを決めていくのです。ナチスドイツのヒトラーや大きな犯罪事件を起こした宗教団体のリーダーが思い浮かぶのではないでしょうか。

現実には複数のパターンが重なる場合も多くみられます。たとえば形式的にはデモクラシーの形をとりながら実はカリスマ支配、というパターンもあります。

この中で、現在の世界で最も広く認められている支配の正統性は、いうまでもなく合法的支配、つまりデモクラシーです。公平で競争的な選挙を行うデモクラシーが、最も国民の意見を反映していると考えられるのがその最大の理由です。もちろんデモクラシーがグローバルスタンダード（世界中のどこでも通用すること）なのかどうかには議論があります（第12章で取り上げます）。

3　政治とは「資源の権威的配分」のこと

❗ えっ！それも政治なの？

正統性に裏づけされた権力が行うこと、簡単に言うならば、全員が従わな
ければならない何かを決めていくこと、それが政治です。だとするならば、
複数の人間が集まって何かを決めようとするときには、必ず政治が存在し
ます。

みなさんが集まって「今夜の食事はどこにしようか。鍋がいいか、それと
もイタリアンか」、「夏のゼミ旅行どこに行こう。高原か、温泉か」を決める
ことも広い意味での政治です。「みんなで多数決を取ろう」という決め方が
デモクラシーだとするならば、「うちのゼミでは毎年夏は高原、冬は温泉に
決まっている」は伝統的支配、「ゼミの先生に決めてもらって、それに従お
う」はカリスマ的支配でしょうか。

この意味で政治は、人間が作っている社会や組織にどこでも見られるも
のです。しかし、その中でも私たちの生活に一番大きな影響力を持っている
のは、いうまでもなく国家（政府）です。なぜなら、私たちは必ずどこかの
国家に属し、国民としてその国の法律に従って生きているからです。

「政治とは希少価値の権威的配分である」という、アメリカの政治学者デ
ビッド・イーストンの広く知られた定義があります。

ここで「価値」というのはお金とか石油とかの天然資源だけではなく、広
く誰もが必要としているけれども全員に配るほどには量がない（希少性）も

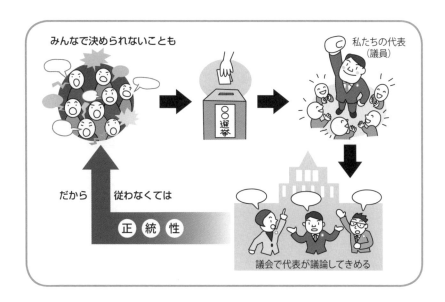

ののことをいいます。権力そのものもそうですし、富、名誉、食料、天然資源など、みんなが欲しがるものは全員に行き渡るには十分な量がないことが多いのです。そこでその配分のために政治が必要となります。

❗ 国の政治は誰のために？

国民が納めた税金をどのように使うか、ということも価値の配分です。国を運営していくためには、多くのお金がかかります。政府が事業をしたり、中東の国のように石油で賄えたりする場合もありますが、それは例外的です。公務員の人件費でさえ、どこかからお金を持ってこなければなりません。基本的には国民の払う税金で政府はなりたっています。国債という国の借金も、将来の国民が支払うという意味では同じです。

一方で、政府は税金を比較的豊かな人から集めて、生活に困っている人や援助を必要としている人に配る（再配分）機能も持っています。国全体の成長のために必要と思われる分野に集中して配分することもあるでしょう。

多くの人が、税金として自分が出すお金はできるだけ少ないほうがよく、自分が受け取ることができる政府からのサービスはできるだけ多いほうがよいと望むでしょう。これを調整するのも政治です。

自分が多く受け取りたい、と願えばそこには争い（闘争）が起きます。政治は権力の争奪（権力闘争）を通しての政策の実現（何かを決めていくこと）であるとも考えられます。

面白いのは、その決め方は国によって異なることです。「支配の正統性」にもいくつかのパターンがあると述べました。そればかりではなく、同じデモクラシーの中でも、さまざまな決め方（たとえば大統領制とか議院内閣制とか）があります。決め方の背後に深く関わっている歴史や文化、宗教といったものも国によって異なります。

ある国では「やってもよい」とされたことが、他の国で「やってはだめ」となるのはそのためです。

4　権力とアイデンティティ

「あなたは誰ですか？」と聞かれたら、みなさんは何と答えますか？

「私は日本人（中国人）です」「私は女（男）です」「私は学生です」「私はスポーツ選手です」「私はコンビニのバイト店員です」……さまざまな答えが考えられますね。

「自分が自分であること」を、アメリカの心理学者 E. H. エリクソンはアイデンティティ（自己同一性）と名付けました。私が私であること、逆を言え

ば、あなたは何を失ったらあなたでなくなるでしょうか?

　権力は、人間のアイデンティティの中に深く食い込んでいます。「私の肩書」や「私の職業」は「私」そのものではありません。「私は社長です」というのは「私の肩書は社長です」ということだし、「私は先生です」というのは正確には「私の職業は先生」ですね。しかし多くの場合、人は権力のあるものに自己を同一化させようとします。つまり、私のアイデンティティは権力にある、と思いがちなのです。

　たとえば政治家は、あくまでも国民によって選ばれた存在なのですが、しばしば権力を自分のアイデンティティと勘違いしてしまいます。周りの人が自分に従うことを、自分自身の力だと思ってしまうわけです(本当は、周りの人は胸につけている議員のバッジに頭を下げているだけかもしれないのに)。

　ですから多くの場合、政治家は権力を失うことを恐れます。選挙に勝ち抜いて、再び議席を得ようと死に物狂いで努力をしますし、歳を取ってもなかなかやめようとはしません。それまでちやほやしてくれた人たちが、バッジを外した途端に相手にしてくれなくなることを知っているからです。

　そういう「権力的な存在」は、考えてみると私たちの周りにたくさんあります。会社の中で高い地位に就こうとするのは、より大きな権力が欲しいからではないでしょうか?　より大きな権力を持てば、人は賞賛し、ほめたたえてくれます。人気グループのセンターを取ろうとするのも同じです。小さいけれども、サークルやグループの中でリーダーになろうとするのも、また

ロシアの文豪トルストイも『戦争と平和』の中で「歴史的事件の原因は何か?─権力である」と言っています。

コラム

どっちが右でどっちが左?

　政治の世界を図式化するためによく使われる言葉が、「右翼(右)/左翼(左)」、「保守/革新」です。

　左翼と右翼の語源は、18世紀末のフランス革命期の議会で、議長席から見て左側に急進派、中央に中間派、右側に穏健派が座ったことから由来すると言われています。すなわち右翼=保守・穏健(伝統を大切にし、急速な変化より時間をかけた改革を望む集団)、左翼=革新(今ある基本的な仕組みや考え方に挑戦し、急速な社会変化を求める人たち)というイメージでした。

　またアメリカとソ連が対立していた冷戦期には、右翼=反共主義、左翼=社会主義・共産主義を意味したことがあります。しかしソ連の崩壊によって冷戦が終了し、右・左の区別はあいまいになりました。

今日では、左=リベラル、右=反リベラルの意味で使われることが多いようです。

　リベラリズムは本来、教会や国王など、強大な権力からの自由を指向する考えでした。しかし現在では、そのような単一の強大な権力は存在しません。国家、大企業や官僚、あるいは大政党を「強大な権力」として、その打倒を掲げて攻撃を加えることには限界があるように思われます。

　日本の与党と野党の政策の基本的な違いは不明確で、「右/左」「保守/革新」の対立軸では説明できません。光と影、前と後のように、右翼と左翼の2つは相対的(他の一方と関連させて初めてその存在が考えられるもの)であり、新しい境目は漠然としています。

その人が政治をどう理解するかは、人間や社会をどう見ているかに左右されます。（第7章参照）

権力闘争と言えるかもしれません。

人間は「権力的な存在」なのです。どんな人間の心の中にも、権力を求め自分だけのものにしようという気持ちがあります。権力が乱用されないためには、1人にすべての権力を集中させないように、1つの権力を別の権力によってコントロール・監視する制度が必要です（第4章参照）。

人間は権力を求める存在であることを理解し、自分の中にどんな「権力欲」があるか知ることが重要です。「政治学は人間学」であるゆえんです。

5　ホッブズとロック──社会契約説

私たちの生活と多く関わっている政治ですが、そもそも私たちはなぜ政府をつくり、それに権力を与えたのでしょうか。

人間が何らかの目標を達成するために国家（政府）を形成した、という考え方を社会契約説といいます。

政府があるのはあたりまえ、と思っているかもしれません。電球やコンピュータなどのさまざまな発明と同じように、国家や政府も、歴史の中で人間の知恵として生まれてきました。では、何のために私たちは政府をつくるのでしょうか。社会契約説の代表的な2つを紹介してこの章を終わりたいと思います。

❗ ホッブズ「平和を守るには強い権力が必要だ！」

1人は17世紀のイギリスの哲学者、政治思想家トマス・ホッブズです。彼は『リヴァイアサン』（1651）で、人間は自己中心的な存在であり、放っておけば世の中の自然状態は「万人の万人に対する闘争」となると主張しました。ホッブズの考える世の中は「自己保存の実現において他者に優越するために、その最も有効な手段である力をより多く獲得する競争に入る」というものです。

人の心の中には、「相手と仲良くしたい」という気持ちと「相手と一緒ではイヤだ」という思いが同時に存在します。

特に自分が生きるために必要なもの（たとえば水や食料）が限られているとしたら、それをお互い奪い合うことになるでしょうし、相手を打ち負かすために力を得ようとするでしょう。そして最後には強い者が勝ち残ることになります。いわば自分中心のやりたい放題、止むことのない争いの世界です。これが「万人の万人に対する闘争」です。

しかし一方で、人間は死をおそれ、平和を強く望む存在でもあります。悲惨な死を招く争いを避け平和を守るためには、「万人の万人に対する闘争」

トマス・ホッブズ
1588〜1679
イギリスの哲学者。パリに亡命中、のちにイギリス国王となるチャールズ2世の家庭教師を務めた。主著『リヴァイアサン』水田洋訳、岩波文庫、1982年

を抑えるために、万人に共通の強力な権力を打ちたてる必要があります。

　ホッブズはそれを聖書に出てくる鯨のような巨大な怪物・リヴァイアサンに見立てました。人間は生き残るために権力を何か巨大なものに任さざるを得ない、というのが彼の結論です。ホッブズの考え方は、当時のイギリスの実情（王政）に見合ったものとも言われています。

❗ ロック「生活を守るには政府があったほうが便利だ」

　一方、ホッブズと同じ頃、同じイギリスの哲学者・政治思想家ジョン・ロックにとって世の中はそれほど争いに満ちてはいなかったようです。

　ロックの自然状態は「他人の自由や所有権を侵害してはいけない」というもので、「万人の万人に対する闘争」と考えたホッブズほど厳しいものではありません。

　人々が政府を形成するのは、そのほうが確実に生命の自由や自分の持ち物の安全が獲得できるからです。たしかに個人ではどうしようもないことも、たとえば警察や軍隊の存在によって、自分たちの生活を守ることが可能になります。いわばそのほうが便利だから政府をつくるわけです。

　したがってホッブズと異なり、ロックの場合は、政府が契約に違反するならば、それに対して個人は契約を破棄することが可能になります。ロックの考え方は、アメリカ合衆国の建国の基礎ともなりました。

　もし代表者を選んで、その人に全体にかかわる仕事をやってもらえれば、ほかのメンバーはそれぞれ自分の商売や仕事に集中することができます。選ばれた代表者が、たとえば政治家であり大統領ということになります。

　もちろんこれらの社会契約説は、現実がそうであった、ということではありません。政府と個人との間はこう考えたほうがわかりやすい、という理念型です。私たちが「あたりまえ」だと思っている世の中のしくみの裏には、このような考え方があることを知っておきましょう。

ジョン・ロック
1632〜1704
イギリスの哲学者。ロックの思想はアメリカ独立宣言やフランス人権宣言にも影響を与えた。『市民政府論』鵜飼信成訳、岩波文庫、1968年

課題
この章のテーマを
さらに深めるために

● あなたの日常の中で、どのような「権力」が使われて、どんな「政治」が行われているか、身近な例をあげてみましょう。

● 麻薬や中絶の例のように、国によって「違法」「合法」が異なる例をあげ、それがなぜなのか（犯罪に対する考え方か、社会・宗教的なものかなど）考えてみましょう。

● 政府がなければ困ると思うことをあげてみましょう。逆に政府なんて必要ない、という考え方についても議論してみましょう。

第2章

はじめての選挙

選挙とデモクラシー

せっかく政治学を勉強してるんだし、早く選挙に行ってみたいな。でも、候補者のことよくわからないし、無責任な気持ちで投票するくらいなら棄権したほうがかえって世の中のためになるのかな？

そんなことないよ。候補者のことをよく知らないという理由で投票に行かなければ、最悪の場合、党員などの限られた人の意思だけで政治が動くことになってしまうよ。かといって、名前を知っているからとタレント候補に投票するのもどうかと思うな。

政治家はネームバリューじゃなくて、政策の内容と当選後の活躍が評価のポイントだね。要はネットショッピングと同じで、事前のリサーチと購入後のクチコミが大切だよ。

選挙はデモクラシーの基本です。だからこそ、選挙には厳しい決まりがあります。みんなの意見を平等にすくいとるのは難しいけれど、そのためにいろんな選挙のやり方が考えられています。

この章で学ぶこと
- 直接民主制と間接民主制
- デモクラシーの最低要素
- 選挙のやり方：比例代表制と小選挙区制

1　みんなで決める＝直接民主制 & 代表を選ぶ＝間接民主制

政治とは簡単に言えば、「皆が従わなければならない何かを決めていくこと」でした。

何かを決めていく「決め方」の中で、最も多くの国で用いられており、そして最も優れた決め方とされているのがデモクラシーです。これに対して、絶対王政や選挙によらない一党支配など、デモクラシーでない体制を権威主義と呼んでいます。デモクラシーのほうが権威主義よりも正統性がある、と考えられています。

デモクラシー　democracy
権威主義　authoritarian

❗ すべての人々が「デモクラシー」をめぐって争う

では、どんな体制をデモクラシーと呼ぶのでしょうか。デモクラシーには山ほど定義があります。そのため次のような混乱を招いてしまいます。

「民主主義（デモクラシー）という言葉はある種の魔法の言葉である。誰も『民主主義』に反対することはできない。すべての人びとが『民主主義』に賛成する。だが、現実には、すべての人びとが考えている『民主主義』の内容は、ひとによってまったく異なっている。すべての人びとが『民主主義』に賛成しながら、すべての人びとが『民主主義』をめぐって対立することになる。」[1]

＊1　白鳥令編『現代世界の民主主義理論』新評論、1984年

つまり、あなたの言っているデモクラシーと、私の言っているデモクラシーは、同じデモクラシーでも違っているかもしれない、ということです。

筆者は小さなころから学校の先生をやりこめるのが大好きな（嫌われ者の）子どもだったのですが、小学生のころ学校の先生をやっつけるのに非常に効果的なやり方を見出しました。それは、「先生のやっていることは民主的ではありません！」と言い放つことです。これを言われると、たいていの先生は黙ってしまいます。もちろん、小学生の筆者に何が「民主的」か、わかっていたわけはないのですが……。民主的とは、他人を攻撃するのは易く、自ら実践するのは難しい言葉です。

❗ 直接民主制と間接民主制

デモクラシー（democracy）とは、もともとギリシャ語の demos と cratein から来た言葉です。原語の意味は demos＝people、cratein＝rule、つまり民衆の支配、文字通り人々が自分たちでルールを決めていく、ということです。その決め方は1つではありません。

ルールの決め方は、皆で集まり、話し合いで決めるのがまず基本です。こ

＊2 　直接民主制
現在でもスイスの一部の州などでは直接民主制が行われている。スイスは住民参加の機会が多く、国や議会が決議した法案に、国民投票・住民投票により信任するかどうかの意思を表明することができる。憲法の改正も住民が提案する権利がある。

れを直接民主制といいます。＊2

　しかし、集団が大きくなれば全員が集まって決めることには限界があります。たとえ大きなホールに何万人もの人を収容したとしても、意味のある議論をすることができるはずもありません。

　そこで、代表を選んでその人たちに議論してもらい、ものごとを決めよう、という考えが浮かんできます。これが間接民主制です。世界中のデモクラシーはほとんどがこの方法で行われています。

　間接民主制には、物理的に直接民主制は難しい、という理由の他に、専門能力を持った人に政策を決めてもらったほうがよりよい結果が導かれるだろう、という意味もあります。

　たとえば、病気になればお医者さんに行きます。それは自分で薬を飲むより、専門的知識を持った人に任せたほうが間違いないと思われるからです。複雑な政策は、素人が議論するよりは、信頼できる専門家に任せて決めてもらうほうが望ましい、という考えには一理あるように思えます。

❗ 選挙って何だろう？

　「なぜ選挙をするのか」という疑問にも答えておかなければなりません。選挙以外の方法、たとえば順番やくじ引きで自分たちのリーダーを決める方法がないわけではありません。実際に、古代ギリシャの民主制では、くじ引きでリーダーを決めていたこともあります。

　しかし、上で述べた専門能力とも関係するのですが、人には向き・不向きがあります。

　町内会の役員やマンションの代表なら、「誰もがやらなければならない」ということでくじ引きにすることもあるでしょう。しかし、大きなグループで、特に1つの国の政策を決める重要な役割にふさわしいかどうか決めるような場合、やはり選挙が必要になってくると思われます。

　選挙を通じて、国民が政策を選ぶという目的もあります。

　同じような政策を持った政治家の集団を政党と呼びます。国民は個人的には候補者を知らなくても、その政党がどんな政策を掲げているか知ることによって、選挙で自分の好みの政策を意思表示することができます。

　さらに大事なことですが、権力には皆を従わせる、という強制力が伴います。たとえば、自分勝手にこの強制力を使おう、と思っている人が政治家になったらどうでしょうか。国民が大変な迷惑を受けてしまいますね。この人に任せてよいか判断するためにも選挙を行わなければなりません。

❗ 一人一票がもつ意味とは

選挙は、なぜ一人一票なのでしょうか。

皆が従わなければならないことを決めるのが政治です。したがってそれによって影響を受けるすべての人に参加する権利がある、と考えられます。

ただし、何らかの理由で判断できない人は別です。たとえば世の中のことを十分理解していないと思われる子ども。小学校時代、先生が成績や態度を基準にして学級委員を選んでしまったことはありませんでしたか？　18歳になって初めて選挙権ができるのも、世の中への理解が成熟していないためと思われます（ただし選挙年齢には後で述べるように国ごとに異なった基準があります）。

ところで、一人の人間の価値や、判断能力、権利を比較するための客観的なものさしは存在しません。たとえば、A さんには B さんの1.5倍の価値があるとか（体重ならあるかもしれませんが）、40歳の人は20歳の人の倍賢いとか、誰にも納得できる証明は不可能です。

「税金を納めている額によって」権利がある、という考えは一考に価するかもしれません。初期の普通選挙は、収めている税金の額によって、投票する権利が与えられていました。[3]

男性には選挙権があるが女性にはない、というのも比較的最近まで存在しました。しかし、税金を払っていないから国民ではないとか、女性だから判断できないというのは現代では通用しない考え方です。[4]

結局のところ、一人一票という以外に、皆を納得させる考え方は不可能なのです。あからさまに言ってしまうと、それ以外に方法がないから、というのが理由でしょうか。

＊3　**納税要件**
1890（明治23）年に日本で普通選挙が初めて実施されたときは満25歳以上の男子で直接国税15円以上の人だけに投票権が与えられた。満25歳以上の男子で納税要件がなくなったのは1928（昭和3）年、満20歳以上のすべての男女になったのは1946（昭和21）年と戦後のことである。

＊4　**女性参政権**
意外なことに、前述のスイスで女性参政権が認められたのは国レベルで1971年、地方レベルでは1990年になってようやくすべての州で女性が選挙に参加できるようになった。

2　デモクラシーとは何か──「参加」と「競争」

＊5　シュムペーター『資本主義・社会主義・民主主義』中山伊知郎・東畑精一訳、東洋経済新報社、1962年

ジョセフ・シュンペーター
1883〜1950

経済学者**シュンペーター**は古典的デモクラシーを「人民自らが問題の決定をなし、それによって公益を実現せんとするもの」と定義しています。[5]

「人民自らが問題の決定をする」というのは先に述べた直接民主制であり、実現は難しいですね。

彼はこの古典的デモクラシーが現実に成立する難しさを述べ、その上でもう1つのデモクラシーを、次のように定義しました。

「競争的闘争を行うことにより人民の投票を獲得して、政治決定できるような制度（のこと）」。

これは「多数者による決定」というデモクラシーの最も実現困難な点を

「多数者による決定者の決定」におきかえ、議論を整理しています。

　つまり、選挙は政策の細部まで決定するのではなくて、第1に「誰がそれを決定するのか」を決めるのだ、ということ。先に述べた間接民主主義です。リーダーシップを獲得するための競争というのは、市場における競争のアナロジー（例え話）であり、経済学者らしい定義ともいえます。これが今日のデモクラシー理解の出発点になっています。

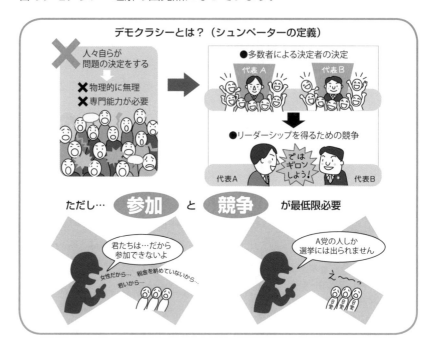

！ デモクラシーの最低要素

　デモクラシーに欠くべからざる「選挙」ですが、選挙さえやっていればどんな内容でもよいのでしょうか。もちろんそうではありません。選挙の最も基本的な要素、つまりデモクラシーの最も重要なポイントは、2つあります。それは参加と競争です。

　「参加」とは、国民のどのくらいの割合が、リーダー（ここでは政治家）を選ぶ手続きに加わっているか、ということです。通常、デモクラシーが行われている国では、青年男女であれば誰でも投票することが可能です。その上で公平な「競争」が行われること。政府や与党による露骨な妨害や、候補者が命を狙われたりしないことです（第13章コラム「すべての選挙区で競争率1倍？」参照）。

　ここで2つの問題が生じます。1つは先ほどあげた、「何歳から（投票可能な）大人と考えるか」ということです。ほとんどの先進国では、18歳を

＊6　選挙権と年齢
たとえばインドネシアでは選挙権は16歳以上に与えられ、それ以下の年齢でも結婚していれば選挙権がある。日本でも結婚すると法律的に成年とみなされる（成年擬制）が、選挙権は18歳になるまで与えられない。ブラジルでは選挙権は16歳以上で、19歳から69歳までは投票が国民の義務となっている。

もって選挙権を与えていますし、それ以下の年齢の国もあります。＊6

　日本では長らく20歳でした。そう決められている根拠はあいまいです。同じ大学生でも20歳過ぎると投票ができて、10代にはできないことを不思議に思うのは当然でしょう。結婚は18歳（女性は16歳）から可能です。そこで、選挙権年齢を18歳以上に引き下げる公職選挙法改正案が2015年（平成27年）に成立しました。

　もう１つの問題は、国内に住んでいる外国人の選挙権をどう考えるかということです。日本国内に長く住み、政府に税金を払っている外国人に（少なくとも地方レベルでは）選挙権を与えてもよいのではないか。そのような考え方が出てきても不思議はありません。

　ただしこの点では、在住外国人に選挙権を与えている国は多くありません。アメリカでも永住権（そこに住む権利）と選挙権は別です。税金を払っているのだから投票することができる、という議論を裏返すと、税金を払っていない人は選挙権がない、という話にもなりかねません。

課題先進国・日本

　アフリカの某国で調査を行ったときのこと、雑談の中で「日本では少子高齢化が大きな問題になっています。こちらではいかがですか？」と聞いてみたのですが、相手は質問の意味が理解できません。その国の平均寿命は50歳代、高齢者とは65歳以上というのが国連の定義です。その国に「高齢問題」はありません。

　開発経済学では、豊かさを測るのには一般的に「一人当たり国民所得」が使われます。「一人当たり国民所得」は「その国の１年間の所得」を「人口」で割ることによって求められます。

　豊かさを増大させるためには分子（全体の国民所得）を増やすか、逆に分母（人口）を小さくするしかありません。開発経済学の第１章は「人口問題」なのです。

　全人口に占める65歳以上の割合が、2050年には４割になるとされる日本。「若者一人で老人一人を支えなければならない」とか「生産年齢人口＝労働力が減少する」とか、危機感だけをあおる言説は巷にあふれます。少子高齢化が多くの課題をもたらすことは確かです。しかしそれは悲しむべきことなのでしょうか。

日本は政策が成功したからこそ少子高齢化に到達できたのです。日本は世界の「課題先進国」なのです。

　筆者は若者に選挙に行くように勧めています。それは決して、若者 VS 高齢者というような政治対立を煽るためではありません。お互い一人の有権者として対等な立場で政治にかかわるためです。日本の現状を認めたうえで、一緒に知恵を絞って、少しでもよい社会をつくっていくためです。

　韓国・中国も生産年齢人口比率（人口全体に占める生産年齢人口の割合）のピークを迎えます。韓国の高齢化の速度は日本よりもっと早く、年金などの対策も十分にはなされていません。中国も開発途上国のまま高齢社会に突入します。両国とも日本の対応を息をのんで見つめているのです。

　英紙『フィナンシャル・タイムズ』は「高齢化が進む日本は世界の実験場であり、日本で成功した商品は他国でも通用する主力商品になる」と定義づけています。日本は世界の「課題先進国」。医療、ヘルスケア、地方自治、人材育成など、日本にしかできないこと、これから世界の先達になれることはたくさんあります。

！ デモクラシーは「民主制度」

分析に値するデモクラシーの最低の要件は、「参加」と「競争」を伴った「制度」です。

制度であれば国と国とで計測、比較することが可能です。デモクラシーは多くの場合、「民主主義」と訳されていますが、本来「民主制度」と訳すのが妥当であろうと思います。[7]

アメリカの政治学者ロバート・ダールは、シュンペーターのデモクラシーの理念をさらに発展させ、ポリアーキーという概念を提唱しました。

彼は理念としてのデモクラシーの実現の難しさを述べました。その上で、デモクラシーの目標に近づく「過程」としてポリアーキーという概念を提示したのです。先ほど述べた、理念と制度の学問的な峻別と言えます。

ポリアーキーは反対派の意見を受け入れる許容度を「公的異議申し立て」（前述の「競争」にあたります）として、どのくらい参加できるかを「包括性」として、この 2 つによって計測され、それに基づいて各国の比較研究が行われました。[8]

＊7　**デモクラシーの訳語**
類語の aristocracy は貴族制だし、bureaucracy は官僚制と訳される。もちろん「理念＝民主主義」としてデモクラシーを哲学的に研究することには別の価値があることは言うまでもない。

公的異議申し立て
　public contestation
包括性　inclusiveness

＊8　ダール『ポリアーキー』
高畠通敏・前田脩訳、三一書房、1981年

3　比例代表制と小選挙区制──さまざまな選挙制度

最後に、日本で実際に行われている選挙のしくみ（選挙制度）について、触れておきましょう。

有権者が投票用紙に、自分が最も支持する一人の候補者の名前を書いて投票する（これを単記式といいます）というやり方が基本ですが、衆議院議員選挙と参議院議員選挙では、比例代表制を組み合わせた選挙方式がとられています。

日本では、比例代表制、小選挙区制、中選挙区制などさまざまな選挙制度が行われています。「選挙のデパート」と言ってもよいほどです。

比例代表制は原則として、有権者が候補者の個人名ではなく、政党名を記入して投票する制度です。最終的な議席配分は、日本ではドント方式という、各政党の得票数を整数で順に割っていき、その答えの大きい順に議席を確定する方法がとられています（コラム「ドント式の議席配分」参照）。

それに対して、小選挙区制では、有権者は候補者の個人名を書いて投票します。選挙区で選ばれる議員の数によって、定数 1 の小選挙区（つまり当選者が 1 名）、定数が 6 人以上の大選挙区、小選挙区と大選挙区の中間である中選挙区に分けられます。

小選挙区制は比例代表制に比べて、せっかく投票したのに何の役にもた

比例代表制　proportional
　representation system
小選挙区制　single-member
　district system

たない死票が多い傾向があります。死票とは選挙で落選者に投票された票です。死票に含まれる国民の意思は政治に反映されないことになります。

たとえばある選挙区で候補者Ａが51％、候補者Ｂが49％の得票を得た場合、Ｂさんに投票した人が半数近くいるのに、Ｂさんへの票はみんな「死んで」しまいます。一方、政治が「何かを決めること」であるとすると、Ａの政策を選ぶかＢの政策を選ぶか結果は明確に出ます。小選挙区は二大政党制になりやすいとされます。[9]

一方、比例代表制は、小選挙区制に比べると政党の得票率と議席の数がほぼ一致しています。多くの民族をかかえる国家で、少数民族の意見を取り入れるために使用されることもあります。

無駄になる票は小選挙区制に比べて少なく、小政党でも議席を獲得することが可能です。一方で、政策の選択が明確でない傾向があり、「１つに決定する」点からは望ましくないかもしれません。必ずしもデモクラシーを支持しない極小政党が生き残れることも指摘されています。

＊９　小選挙区は二大政党制になりやすい
学説を提唱した学者の名前をとって「デュヴェルジェの法則」といわれる。

選挙で同じ票だった場合、日本ではくじ引きで当選者を決めます。韓国では年長者が当選、長幼の序を大切にする儒教の国らしいですね。

！ 小選挙区＋比例代表＋並立制？

日本の衆議院議員選挙で使われている小選挙区比例代表並立制は、比例代表と小選挙区の両方の性格を併せ持っています。

コラム　ドント式の議席配分

比例代表制は、原則として有権者が政党名を書いて投票する方式です。したがって、投票された票数に応じて、各党に議席を配分しなければなりません。いくつかの方法がありますが、日本ではドント式（d'Hondt system）が使われています。これは各党の得票数を1、2、3…と整数で順に割っていき、その答えの大きい順に議席を配分していく方式です。

ある国に、Ａ、Ｂ、Ｃ、Ｄの４つの政党があり、国会は10議席とします。下表のように、各党の得票数（ＡからＤまで順に100万票、80万票、60万票、45万票とします）を整数で割って得られた答の大きい順に（①議席目Ａ党、②議席目Ｂ党、③議席目Ｃ党、④議席目Ａ党…）議席を配分することとなります。その結果、国会の議席数はＡからＤまで4、3、2、1議席となります。

	A党		B党		C党		D党	
得票	100万		80万		60万		45万	
÷1	100万	①	80万	②	60万	③	45万	⑤
÷2	50万	④	40万	⑥	30万	⑧	22万5000	
÷3	33万333…	⑦	26万666…	⑨	20万		15万	
÷4	25万	⑩	20万		15万		10万1250	
÷5	20万		16万		12万		8万	
獲得議席	4		3		2		1	

＊10　2019年現在。

衆議院の定数465＊10のうち、289人は小選挙区で、残り176人は比例代表で選ばれます。

候補者は小選挙区と比例区の両方に立候補をすることができ（重複立候補制度）、小選挙区で落選した場合は、①まず政党が届け出た順位で、②同順位の場合は、同じ小選挙区で当選した候補者の得票数に対しどのくらいの割合であったか（惜敗率）によってその高い順に当選が決まるやり方です。

比例代表並立制によって先ほど問題となった「死票」の問題は緩和され、大政党にも都合のよいとされる小選挙区のほか、小さな政党も比例区で生き残れるなどの利点があげられています。反面、選挙のやり方が煩雑でわかりにくく、惜敗率のあいまいさを指摘する声もあります。

参議院でも選挙区制と比例代表制が使われていますが、こちらは非拘束名簿式比例代表制です。選挙区選挙では候補者名で投票し、得票の多い順に当選します。

一方、比例代表は全国統一です。有権者は政党名か候補者の名前を書いて投票＊11します。ドント方式で当選者の数が決まるのは同じですが、党の中では投票された個人名の多い候補者から順番に当選します。全国的に名前の知られた有名人に有利なシステムです。

小選挙区制にも比例代表制にも長所と短所があります。結局どのような選挙制度をとろうと、すべてを満足させることは難しいのが現実です。

❗ 若者よ、選挙に行こう！

現行の選挙制度にはその他にもさまざまな課題があります。

1つは一票の格差です。有権者が投じる一票の価値は、人口が少ない選挙区ほど高く、人口が多い選挙区ほど低くなります。どんなに人口が少ない県でも、必ず1人は議員の定数が配分されるため、選挙区間の格差が生まれます。ある選挙区では6万票を集めても落選するのに、他の選挙区では3万票で当選、ということが起こるのです。

これは憲法14条に述べられた「法の下の平等」に反するものと考えられます。議員定数の見直し、増員・減員が行われていますが、完全に解消されるのは難しく、人口の多い神奈川、千葉、東京の1票は、人口の少ない島根や高知に比べて軽いままです。＊12

また、選挙における投票率の低下は、多くの先進国共通の問題です。日本でも地方選挙で投票率が40％台であることは珍しくありません。このため、オーストラリアやベルギーのように義務選挙や罰則を設けている国もあります。＊13

ミニコラム
インターネットと選挙

2013年5月に公職選挙法が改正され、インターネットによる選挙運動が解禁された。一般有権者もウェブサイトやSNSを使った選挙活動が可能になったが、電子メールの送付は候補者と政党のみ許可される。また未成年者はブログへの書きこみやSNSでの拡散（リツイートなど）が禁止されている。

＊11　参議院選挙の比例代表は全国区
全国を11のブロックに分け、政党名のみを書く衆議院選挙とはこの点が異なっている。

＊12　一票の格差
2013年7月の参院選では一票の格差が最大4.77倍となり、最高裁でも「違憲状態」との判決が出ている。

＊13　選挙に伴う罰則
オーストラリアやベルギーでは選挙に行かないと罰金を科される。タイでは投票に行かなかった人は立候補する権利を失う。

　年代別に投票率を見た場合、たとえば衆議院選挙において、60代、70代は
ほぼ 7 割の人が投票に行きます。ところが20代、30代の投票率は一貫して低
く、このため全部の得票数の 4 割以上を60代以上が占めています。

　たとえば、2017年10月に行われた第48回衆議院選挙では、20代の投票率は
33.85%、60代の投票率は72.04%です。60代は20代の倍以上の割合で投票に
行っています。60代に支持される政策を打ち出せば、単純計算で20代の 2 倍
の票が取れることになります。

　政治家にとって選挙に勝つことは、文字通り死活問題です。シニア世代の
投票率が高いならば、その世代に配慮してアピールをすることは合理的な
選択です。つまり若者が投票所に行かないことは、自分の世代向けの政策の
幅を狭くし、自らの首を絞めていることになるのです。[14]

　2013年の参議院議員選挙からは、それまで禁止されていたインターネッ
トを通じた選挙運動も解禁されました（第 6 章参照）。

　直接民主制は、物理的に集まることができないということと、専門家に任
せたほうがよい、ということで難しいとされたのでしたね。しかし、イン
ターネットを使えば、多くの人の意見を聞くことは可能ですし、少なくと
も、物理的に集まれない、というネックは解消できます。

　専門知識についても、ネット上の百科事典ウィキペディアは、参加者が自
由に書き込みをしていきますが、内容は実際の百科事典よりも優れている、
という研究もあります。インターネット時代には、これまでと違ったデモク
ラシーの姿が想像できるのかもしれません。

　ネットに慣れ親しんだ若者世代発信の新しい政治も考えられるかもしれ
ません。地方選挙では、インターネットを中心に選挙活動を行い、街宣車で
名前を連呼するような宣伝活動なしで当選する候補者も出ています。

　選挙に行き、政策を選択すること。若者が国全体を考え、自分の意向を反
映させて政治を動かしていくこと。政治学の第一歩はそこから始まるので
はないでしょうか。

*14　**投票率と不利益**
若者の投票率が低くなると、
国債や社会保障の配分が高齢
者層に有利なものになるた
め、若者は損をすることにな
る。東北大学経済学部の吉田
浩教授の試算によると、若年
層（20〜49歳）の投票率が 1 ％
下がるごとに、1 人当たり年
に13万5000円分の不利益を被
るという。

課　題
この章のテーマを
さらに深めるために

● 日本で他にどのような選挙制度があるのか、世界ではどのような選挙が
　行われているのか、さまざまな選挙制度の特徴について調べてみましょ
　う。
● インターネットの時代には、政治のやり方は変わるでしょうか。変わる
　としたらどのような形になるのでしょうか。
● 若者の投票率を上げるためには、どのような工夫が考えられますか。政
　治に関心を持つために、自分たちは何ができるでしょうか。

第3章 国会議員って何をしているの？ 議会と政治家

みんなは国会議員ってどんな人だと思う？
思いつくままに挙げてみてください。
きっとあまりいいイメージじゃないだろうけど。

はーい！
国会中継で野次を飛ばしている人と居眠りしている人でーす！

とにかくスキャンダルが多い人たち！
脱税とか女性関係とか！

んーと、朝から駅前でティッシュを配っている人だな！

政治家はティッシュは配りません。手製のチラシを配ったりはするけれど、それは「駅立ち」といって、朝夕の通勤時間帯に行う街頭宣伝活動です。
たしかにテレビで見る政治家はスキャンダルだらけで、汚職や収賄、信じられないような金銭感覚、とんでもない失言を繰り返して反省もせず、普段は威張っているのに選挙のときだけはぺこぺこしている滑稽な人たちに見えます。
でも本当にそうでしょうか。そもそも国会議員は日本の針路を決める人のはずです。朝早くから夜遅くまで、他人のために走り回っている政治家も大勢います。政治家の仕事についてみていきましょう。

この章で学ぶこと
- 国会議員の仕事とは
- 政治家とお金
- 権力は絶対に腐敗する

1　国会——国の唯一の立法機関

　　日本国憲法41条には「国会は、国権の最高機関であって、国の唯一の立法機関である」と書かれています。日本の国会には衆議院と参議院の 2 つの院があり、このような仕組みを二院制といいます。衆議院465人、参議院248人の国会議員がいて、衆議院の任期は 4 年間・参議院は 6 年間です。

　　衆議院の任期は 4 年間ですが、内閣総理大臣によって途中で解散されることがあります。総理と衆議院との間で意見の相違があったとき、また国民の信を問う[*1]必要があるときは、解散という手段があるわけです。解散すると、衆議院議員はその地位を失います。これに対して参議院の任期は 6 年で、任期途中の解散はありません。 3 年ごとに半数ずつ改選されます。

*1　**国民の信を問う**
国民の意見を聞くために選挙
をすること。

❗ 国会議員の仕事——「せめて、年休 2 日は欲しい」

　　下記の表 1 は、ある中堅国会議員の実際のスケジュールです。

　　朝の部会（自分の属する政党の中で政策を勉強する会）のはしごから始まって、政党の仕事、議員連盟（同じ政策の実現をめざす超党派の議員の会）の昼食会、議員会館に帰っての来客、陳情、省庁のブリーフィング（政策などの説明）、代議士会そして本会議（いわゆる国会）、さらにその日のうちの地元への帰省などなど。

　　実際はこれに加えて、突然の来客、マスコミの取材など本当に息をつく暇もありません。選挙区に帰らない日の夜は、さまざまな会合や派閥の打合せ、選挙区に帰っても日頃お世話になっている団体への挨拶回りなど、ゆっくり寛ぐなどとうてい無理な話です。

表 1　ある代議士の 1 日

8 時〜 9 時	法務部会、教育再生に関する特命委員会など	党本部
10時	政策審議会	党本部
12時	消費税に関する勉強会	党本部
12時30分〜13時30分	日本・イタリア議連「イタリア外務大臣一行歓迎会」	N ホテル
14時〜16時	総務省説明、文部科学省説明、法務省説明、地元来客など 7 件（15分から30分きざみ）	議員会館事務所
16時45分	代議士会	議員内控室
18時	本会議（禁足）	本会議場
19時20分	羽田空港より選挙区へ	
23時39分	地元着	

元衆議院議員・小野晋也氏提供（一部省略、変更あり）

さらにすごいのは、これが特別な1日ではないことです。1年365日、ほぼ走り続けに走っていると言えます。著者の知り合いの国会議員が、「世の中は週休2日が当たり前だけれど、政治家にも月休2日、いやせめて年休2日は欲しいよなぁ……」とぼやいたことがありました。

　なぜ、国会議員の毎日はこんなに忙しいのでしょうか？

❗ 国会議員のさまざまな役割　①立法

　議員には、いくつかの役割があります。

　その中で最も大切なのが、立法（法律をつくること）を司る人としての仕事です。私たちの生活に影響を与えるさまざまな法律は、法案として提出され、国会で（原則として衆議院と参議院の両院で）可決されてはじめて法律となるのです。国会議員は、自ら法案を提出したり、他から提出された法案を成立させるかどうかを議論したりします。

　法案の提出は国会議員または内閣が行い、衆議院、参議院、どちらの議院からでもスタートすることができます（ただし予算案は衆議院が優先）。

　法案はまず関係の委員会に付託され（任され）ます。たとえば外交に関するものは外交委員会で取り扱われます。各委員会では趣旨説明、質疑、修正、討論、採決の順で進みます。国会議員はこれらの委員会のいずれかに必ず所属しています。

　委員会を通った案は、次に本会議に上程（提出）され、そこで審議の経過と採決結果の報告、討論、採決と進んでいきます。本会議には、衆議院議員（あるいは参議院議員）の全員が集まります。スケジュールの中に「禁足」とあるのは、重要な法案などの採決があるため、国会から離れることを禁じられている状態をいいます。

　法案は本会議の過半数で議決し、別の院（先に衆議院で議決されたのなら参議院）に送られ、同様の手続きで議決されれば成立となります。そうしてはじめて、私たちが従わねばならない「法律」となるわけです。[*2]

　国会にはいくつかの会議があります。毎年必ず開かれるのが通常国会です。1月にスタートして期間は150日ですが、延長されることもあります。

　衆議院が解散され、総選挙が行われてから30日以内に開かれるのが特別国会です。総理大臣を選ぶことが目的です。衆議院と参議院で異なった人が選ばれた場合、衆議院の決定が優越します。

　特別の案件があるときに開かれるのが臨時国会です。内閣の必要に基づく場合か、衆議院・参議院議員どちらかの4分の1の要求があったときに開かれます。衆議院が解散している期間の緊急事態に対応するために行われ

*2　**法案審議**
国会で上程された法案は、会期中に審議継続の手続きをせずに、審議未了（審議が終わらないこと）で議決されない場合は「廃案」になり、同じ案を別の国会で再度上程することはできない。

32

日本国憲法62条
両議院は、各々国政に関する調査を行ひ、これに関して、証人の出頭及び証言並びに記録の提出を要求することができる。

る、参議院の緊急集会もあります。

　唯一の立法機関である国会に参加することが、国会議員にとって最優先の仕事です。そのために、国会議員は地方で選出されたとしても、1 年の大半を東京で過ごさねばなりません。

　なお、国会には国政調査権という大きな権限があります。法律を作るために、国政に関することは何でも調べることができます。こうした調査活動の中で、政府の弾圧を受けないために、国会での発言は国会の外では責任を問われないこと（免責特権）や、国会開会中は現行犯以外は逮捕されない権利（不逮捕特権）などを持っています。彼らは「特別な存在」なのです。

❗ 国会議員のさまざまな役割　②政党の一員

　国会議員の別の一面は「政党の一員」としてのものです。政党とは簡単に言うと、同じような政策の実現と政権の獲得をめざす人たちの集団です。

　たとえば自由民主党は経済界との関係が深く、その意向に沿った経済成長路線を中心的な政策としています。1955（昭和30）年の結党以来、ほとんどの期間を政権与党として過ごしてきました。外交ではアメリカとの協調を第 1 とし、日米安全保障条約を堅持します。憲法改正が自民党の悲願です（コラム「自民党は改憲政党」参照）。

　民主党は自民党の政策や官僚支配を批判し、2009（平成21）年の総選挙で自民党を政権与党の座から降ろしました。労働組合と関係が深く、自民党と比べると国民目線で福祉の充実などを基本路線としていました。しかし政権運営の不手際などで国民の期待を失い、2012年の総選挙で大敗して野に下りました。[*3] その後、いくつかの政党に分裂しています。

　政党は選挙の際に有権者に自らの政策をわかりやすく伝えて支持を訴えたり、自分たちを支持してくれるさまざまな団体（特定の業界団体や市民団体などの場合もあります）の利益の実現をめざしたり、政府の重要な役職につくリーダーを選んだりします。

　選挙の際に政党内でお互いに助け合うことも重要な点です。知名度の低い候補者の選挙に大臣や人気のある政治家が応援に行ったりします。タレント出身の議員やニュースに頻繁に出る大臣が応援に来れば、たくさんの人が選挙演説を聞きに来てくれますよね。

　先ほどあげた「法案」も、実際には与党の段階で審議されます。自民党ならば政務調査会の関係部会で討議が行われ、最後に総務会で決定されます。ここを経ないと法案は国会に提出されません。

　逆に言えば、与党が国会で多数を占めている限り、与党で承認された法案

ミニコラム
55年体制

1955年、日本民主党と自由党が合体して自由民主党を結党した。以後、40年近くにわたり、「改憲・保守・安保護持」を掲げる自由民主党が最大与党、「護憲・革新・反安保」を掲げる日本社会党が最大野党である政党制が続いた。これを55年体制とよぶ。

＊3　**野に下る**
野とは民間のこと。野党の「野」なので「の」と読むのは間違い。「下野（げや）する」ともいう。本来は官僚が民間企業に転職する意。公務員がいかに恵まれ、民間が厳しい環境かが偲ばれる言い回し。

は国会で通過する可能性が極めて高いのです（与党による事前審査）。政党内で決定されないと、国会の場で法案となることはありません。

❗ 国会議員のさまざまな役割　③国民の代理人

国会議員は、国民の代理人でもあります。議員個人として、さまざまな問題をかかえる人や団体からの訴え（たとえば北朝鮮による拉致問題の解決やエイズ患者の救済など）を聞きます。個人的な政策のテーマ（たとえば福祉の向上とか安全保障問題とか）を掲げて政治家になった人もいます。

自分の地元の地方公共団体から予算の陳情を受けたり（たとえば「わが街に体育館を作ってほしい」とか）、特定の利益団体や業界に関係する政策の実現を図ったりもします。

議員の事務所にやってくるのは、政策に関する依頼ばかりではありません。就職のあっせんや地元の結婚式への参加依頼、大学進学の相談、交通違反やさまざまなトラブルの解決まで持ち込まれます。反発を招かないよう

コラム

衆議院と参議院はどっちが偉い？

日本の議会は貴族院・衆議院の2院からなる大日本国帝国議会（1890年創設）から始まりました。第2次世界大戦後、任命による貴族院は廃止され、現在は共に国民によって選ばれる衆議院と参議院の2つの議会があります（ちなみにイギリスでは現在でも上院は貴族院としての役割を持っています）。

2院は本来違った役割を持っていますし、次の章で述べるチェック・アンド・バランスの必要もありますので、どちらの院が偉いということはありません。

しかし、任期が6年間で解散のない参議院に比べ（その分、安定して政治に関われるのですが）、任期が4年で解散があり頻繁に選挙の行われる（平均すると約3年間に1度）衆議院の方が、国民の意思をより体現していると考えることもできます。短い期間の選挙で世論を反映することができるからです。

そのため、予算、条約承認、首相指名などについては、衆議院の参議院に対する優越が定められています。両院の議員による両院協議会で意見が一致しない場合でも、一定期間を経て衆議院の決定が国会の決定となります。法案は衆議院で可決・参議院で否決された場合、衆議院で出席議員の3分の2以上の賛成で再可決すると法律として成立します。

このようにさまざまな面で衆議院が優越するために、参議院には地味な印象があります。しかし国会議員としての権限は同一です。6年間解散がなく、じっくりと長い目で政策を考えることができるとも言えますし、比例代表は事実上の全国区ですから地域の利害に縛られることもありません。そのため「良識の府」「理性の府」と呼ばれることもあるのです。

ただし、衆議院と参議院が全く同じ政党で占められた場合、参議院は衆議院のカーボンコピー（そのまま写し取る）と揶揄されます。逆に参議院と衆議院で多数を占める政党が別の場合は「ねじれ現象」といい、両院の議決が相反することもあり、スムーズな政権運営の支障になるとも言われます。

理論上、与党が衆議院の3分の2以上の議席を占めることができれば、法案はフリーパスということになりますが、現実には世論の動きなどにも注意を払う必要があり、そう簡単にはいきません。

にうまく処理できなければ、選挙で票を集めることが難しくなり「次の選挙があぶない」わけです。

　与党議員の場合、政府の一員となることもあります。たとえば大臣、副大臣、政務官などといった、ある省庁を代表する役職につきます。憲法の規定により、大臣の過半数は国会議員でなければなりません。現実には大臣の大半が国会議員、それも衆議院議員です。彼らは省庁の代表として、予算獲得や政策の実現に努力します。

　自分の得意分野で大臣となった族議員は、省庁にも大きな影響を与え続けるボス的な存在となることもあります。

❗ 選挙を勝ち抜くこと——議員の生命線

　忘れてはならないのは、国会議員は有権者から選ばれる存在である、ということです。

　国会議員が持っているさまざまな権力は「有権者から選ばれた」というところに正統性があります。国会が「国権の最高機関である」のは、広く国民が参加した選挙で競争を通じて選ばれた（これがデモクラシーの要素でしたね）国会議員で構成され、国民の意思を直接反映させているために国権の最高機関である、と解釈すべきでしょう。

　特に選挙基盤の弱い国会議員にとって、「次の選挙をどう勝ち抜くか」は最も重要なことです。金曜日に東京で国会の仕事を終えて地方の選挙区に戻り、週末にかけて地元のイベントや結婚式などさまざまな行事に参加して選挙民に自分の名前を知ってもらい、火曜日の午前中、再び地元から東京へ戻って国会活動を行う——これを「金帰火来」と呼びます。地方に選挙区がある多くの議員がそのような1週間を送っています。

2　政治とカネ——いったいどうなっているの？

　立法を司る人、国民の代理人としての国会議員の仕事と、「次の選挙をどう勝ち抜くか」という議員としての生命線——この点に、政治家の本来の仕事と私たちが抱くイメージとのギャップの最大の原因がありそうです。

　「国権の最高機関」である国会議員は、国民全体の利益を考えて、関係する省庁や利益団体の利害関係を調節しながら政策を決定することが期待されています。しかし、国会議員がさまざまな政策のすべてに精通することはできません。そこで、特定の分野を勉強し、人脈ができることで各人の得意分野ができてきます。こうして、特定の政策に詳しい議員（いわゆる族議員）が育っていくのです。

族議員、利益団体、省庁の強い結びつきを「鉄の三角形」といいます。

特別の利害のみに特化した族議員、彼らを支持する利益団体、そして縦割りで自分の利益のみを重視する省庁が形成された場合、必ずしも望ましい形では機能しないことがあります。

特定の利益団体が特定の族議員に依頼し、その族議員が省庁に影響力を行使する、それによってその団体が利益を得る、といったことが現実に起こりうるわけです。議員は見返りとして、自らの選挙への資金（カネ）や応援（人）を手にすることとなります。

次の選挙をどう勝ち抜くか、あるいはどうやって政党内で派閥のリーダーとなり総理を目指すかが最も関心事の議員に、お金と支援が絡むと、国民全体の利益に反する行動に走ることもあります。国全体としては望ましくないが、自分の利益のために目をつぶろう……ということも起きてくるわけです。

❗ 国会議員のフトコロは？

ここで政治家の「台所事情」を見てみましょう。

国会議員には会社員の給料に当たる議員歳費として、年間約2800万円が支給されます。公務員として最高額レベルの給与です。そこから税金などが天引きされ、議連の会費などが引かれた後の現金支給額は、平均的な議員で1200万円くらいと言われています。

その他に通信費などとして文書交通費1200万円。さらに秘書3人分の給与が国から払われます（秘書のキャリアによりますが総額2000万円くらいになります）。

国会議員は議員会館[4]に部屋を維持し、地方選出の議員のために議員宿舎[5]も割り当てられます。

国会議員の政治活動の財源として、政治資金団体が設けられています。この政治資金団体は、政治資金規正法という法律によって、収支を厳密にチェックされています。

政党の活動費として、議員の人数によって支払われるのが政党助成金です。国民1人あたり250円×全国民数の総額が、議員数と得票数に応じて党に配分されます。[6]

政治資金規正法は、企業や団体献金を厳しく制限し、政治にかかわるお金の公開性を高めるためにできた法律です。企業献金などを厳しく制限する代わりとして導入されたのが政党助成金です。政党助成金は、「政治にはお金がかかる」ことを前提として、なるべく献金に頼らないで政治活動ができるように、税金から助成することになったものです。

*4　議員会館
衆議院会館2棟と参議院会館が国会議事堂と地下で結ばれている。

*5　議員宿舎
港区、千代田区の一等地にあるが、3LDKでも月額家賃10万円以下と、破格の安さとなっている。

*6　政党助成金
日本の人口を1億2000万人として計算すると総額300億円となる。使途についての制限はないので、高級料亭での飲食代やタクシー代に使うことも自由。最大の支出は人件費だと言われる。

皆さんは、このお金の動きをどう感じますか？

❗ 特定の団体に頼れば問題も

政治家としての一番の関心事は、残念ながら「当選すること」であると述べました。衆議院議員であれば少なくとも数万票、多い場合は10万票を超える投票を得なければ当選することができません。

選挙には「5割7掛け2割引」という言葉があります。「あなたを応援しますよ」と言ってくれた人のうち約半数だけが本当に応援してくれる（5割）。その人たちのうち、実際に選挙に行って投票してくれる人はだいたい7割程度（7掛け）。でもそのうち2割は投票所で「こっちもいいな」と他の人に投票してしまう（2割引）という、経験則で割り出された大変皮肉な見方です。

そのような移り気な有権者を引き留め、何万票も自分の名前を書いてもらわなければならないのです。スターや有名人でもない普通の人間にとっては、気の遠くなるようなことです。国会議員が、政治討論会や時にはバラエティ番組などにまで顔を出したがるのは、それが手っ取り早く顔と名前を覚えてもらう手段でもあるからです。

たくさんの人から支援を得るためには、日常から選挙区でのさまざまな活動を行う必要があり、それにお金がかかります。後援者の多様な要望を聞くためには、何人もの秘書を置かねばなりません。多額の人件費がかかります。日頃から結婚式やお葬式に小まめに出て、いろいろな集会にも顔を出す必要があります。もちろん、手ぶらで参加するわけにはいきません。

国会議員の仕事

立法を司る
これを法律にします
○○法
賛成 反対

政党の一員
わが党に支持を！
○○党

大臣になることも

国民の代理人
フムフム
この問題をなんとか

ザ・ステーツマン!!

●でも本当は次の選挙が心配　●せめて年2回は休みたいけど…

国会議員というのは、3～4年に1回、選挙のたびに倒産の危機がある零細企業のようなものです。

通常、地元に事務所を構えて複数の秘書を置けば、費用が2000万円は下らないでしょう。大きな事務所を構えたり、選挙に多額の費用を使ったりしない「つつましい」政治家でもかなりお金はかかるのだ、と思ってください。

理想的には、小額の個人献金を多くの人から集めることが大事なのですが、その手間を考えると、ついたくさんお金を出してくれる特定の団体に偏りがちです。

お金を出してもらえば、その団体の言うことを（多少の無理やルール違反があっても）聞かざるを得ません。そこに政治とカネをめぐって、スキャンダルが起こる原因があるのです。

3　なぜ政治家になるの？

これほどハードな生活で、まじめにやっていればお金も足りるはずがないのに、なぜ政治家になろうという人がいるのでしょうか。

政治家になろうとする一番の理由、それは「世のため人のためになりたい」であろうと思います。あるいは「自分のふるさとを良くしたい」でしょうか。

しかし一方で、「権力」の持つ魔力にも注意が必要です。政治学のテーマは「権力」（パワー）でしたね。権力には、いったん手にするとなかなか手

自民党は改憲政党

自由民主党（自民党）は1955（昭和30）年に結成されて以来、1993年までの38年間にわたり継続して政権を担当しました。それ以降も一時期下野したものの、ほとんどの期間、政権与党として活動しています。複数の政党が平等な基盤で選挙を戦いながら、特定の政党だけが政権を担当しているという、実は世界でも大変ユニークな政党制を日本は持っています。

自民党は結党当初から「改憲」を謳っています。結党時の「党の政綱」（昭和30年11月15日）として六「独立体制の整備」を挙げ、以下のように宣言しています。「平和主義、民主主義及び基本的人権尊重の原則を堅持しつつ、現行憲法の自主的改正をはかり、また占領諸法制を再検討し、国情に即してこれが改廃を行う。世界の平和と国家の独立及び国民の自由を保護するため、集団安全保障体制の下、国力と国情に相応した自衛軍備を整え、駐留外国軍隊の撤退に備える。」

2005年（平成17年11月22日）の「新綱領」の第1番目にも「新しい憲法の制定を」と題して「私たちは近い将来、自立した国民意識のもとで新しい憲法が制定されるよう、国民合意の形成に努めます。そのため、党内外の実質的論議が進展するよう努めます」とあります。

これを見ると、自由民主党という第2次世界大戦後の日本を担ってきた政党の根本理念が「憲法改正」であったことが明確です。賛否はあるでしょうが、結党以来約60年にわたり1つの方向を目指してきたことがわかります。

放したくなくなる、麻薬のように体に染み付いてしまう、という魔力があることを認めなければなりません。

！「権力は腐敗する。絶対権力は絶対に腐敗する」

アクトン卿（ジョン・アクトン）
1834〜1902
イギリスの歴史家、思想家。
男爵の爵位をもつことから
アクトン卿とよばれる。

19世紀のイギリスの思想家アクトン卿は、「権力は腐敗する。絶対権力は絶対に腐敗する」という言葉を残しました。国会議員の倫理を問うばかりでなく、権力の濫用や腐敗を防ぐためには、さまざまな仕組みが必要なようです。

国会議員には無料で新幹線のグリーン車や飛行機に乗れるパスが与えられます。これは選挙区と国会のある東京を往復するための交通費として支給されているものです。

友人の国会議員から聞いた話です。当選して間もないころは「本当にタダで乗せてもらえるのかな」とびくびくものだったとのこと。ところがいったんそれに慣れてしまうと、予約を取らずに乗った新幹線のグリーン車がたまたま満席だったりすると、思わず「何で空いてないんだ！」と車掌さんを怒鳴ったりするようになる、と自戒を込めて言っていました。

また、パトカーの先導で他の車を止めて信号無視で突っ走るときの快感は、まさしく「権力」そのものだ、という話を聞かせてくれた議員もいます。

権力は腐敗する、絶対権力はたしかに絶対に腐敗するのです。政治家が立派な人であることは必要ですが、どんな立派な人でも負けてしまうほど、極めて危険な誘惑に満ちた職業でもあります。そのことを考えて、権力をコントロールするしくみをつくらねばなりません。

課題
この章のテーマを
さらに深めるために

●特定のスポンサーからお金をもらわなくても、政治家としての活動ができるためにはどのような仕組みが考えられるでしょうか。

●政治家の活動を支えるために、税金から政党に支出される政党助成金の制度や、政治資金規正法についても調べてみましょう。

●あなたが、マスコミ以外で政治家を知るのはどんなときでしょう？　自分が投票するとしたらどんな基準で政治家を選ぶでしょうか？

第4章 どうやってパワーをコントロールするか

権力分立と政治システム

ねえ、大ニュース！　大学新聞の代表がサークル資金の使い込みで停学になったんだって。副代表が留学しちゃって、会計が病欠だったので、誰もチェックする人がいなかったそうよ。

権力は強くても人間は弱いからね。アクトン卿の言葉のとおりだよ。でもさ、チェックする人がいなかったら、僕だって魔がさしてしまうかもしれないな。

知ってる？　アクトン卿の言葉には続きがあるんだ。「絶対権力は絶対腐敗する」のあと、「偉大な人々はだいたいにおいて悪い人間である」って続くんだよ。

アクトン卿は歴史学者ですから、人間の犯しやすい過ちの性質をよく知っていたのでしょう。過ちを犯しやすいのが人間なら、それを防ぐ手立てを考えなければいけませんね。特に政治は「権力」を扱うのだから、1人にすべてが集中すると、みんなが迷惑をこうむるようなことが起こるかも…

この章で学ぶこと
- 権力の集中を防ぐために
- 大統領制と議院内閣制の違い
- 国による政治システムの違い

1 　三権分立で権力の一極集中を防ぐ

　権力には魔力があるようです。いったん手にするとなかなか手放せなくなるのでしょう。学生サークルの会長から、大中小さまざまな規模の会社のトップ、ボランティア団体の長や聖職者にだって権力はあります。

　もちろん、優れたリーダーにすべてを取り仕切ってもらって組織を動かすことは、必ずしも悪いことではありません。一番効率的でもあります。

　しかし、「権力は腐敗する。絶対権力は絶対腐敗する」のです。人間の中の善を信じるだけでなく悪を見据える（リアリズム⇒第 7 章参照）のならば、権力には何らかのコントロールが絶対に必要です。

　他人を自分の思うままにコントロールしたいという欲求は、人間の本能的なものかもしれません。しかも権力のあるところには富や名誉も集まりやすく、しばしば人間の判断を誤らせます。その魔力を防ぐにはどうすればいいのでしょうか。

　国会は国権の最高機関ですが、もしこの最高機関が暴走し始めたら誰がストップをかけるのでしょうか。国民が選んでいるといっても、それは選挙のときだけです。選挙は通常、数年に一度しか行われません。日常の政治の世界では、誰が権力のコントロールをするのでしょう。

　そこでデモクラシーの国では、権力を 1 人の人（たとえば大統領）や 1 つの機関（たとえば国会）に集中しないようにすることで、自分勝手に使われることを防いでいます。

❗ ジャンケンポンで権力の分立

シャルル＝ルイ・ド・モンテスキュー
1689〜1755
フランスの哲学者。「モンテスキュー」は男爵として治めた領地名である。
『法の精神』野田良之ほか訳、岩波文庫、1989年

　いかに権力をコントロールしていくか。18世紀のフランス思想家モンテスキューは『法の精神』（1748）で、「国民は政治家を選ぶことができるだけでは力を持っているとはいえない」と主張しました。彼はこの本で、およそ権力を有する人間は権力を濫用しがちであり、それを防ぐためには権力を別の権力によって制限・抑制することが必要だと述べています。

　モンテスキューは、ある権力を常に他の権力が監視したりコントロールしたりできるようなシステムをつくることが重要だと考えました。立法・行政・司法の三権分立に大きな影響を与えたとされるゆえんです。

　それはちょうどジャンケンポンのようなものです。すべてに超越する強い力を認めるのではなく、グーはパーに、パーはチョキに、チョキはグーにそれぞれ敵わない。そうやって権力の一極集中を防ぐことが大事です。

政府の力を複数のお互い独立した機関に分け、その間にチェック・アンド・バランス（牽制したりつり合いをとること）を働かせることを**権力分立**（separation of powers）といいます。具体的には、**立法**（法律を定めること）、**行政**（法律の範囲内で国の運営を行うこと）、**司法**（法律に基づいて裁判を行うこと）が相互にコントロールしあう。これが**三権分立**です。通常、立法権は議会（国会）に、行政権は内閣あるいは大統領に、司法権は裁判所に属します。

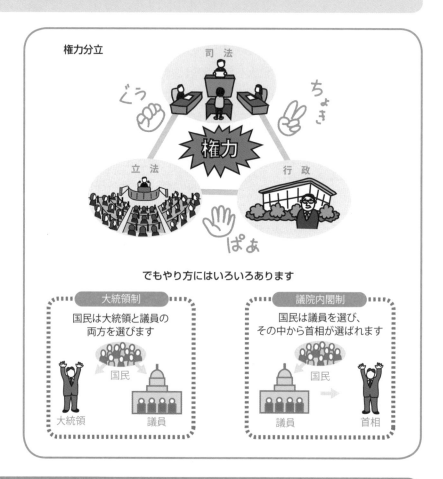

なぜ「三」権なのか。「仏の顔も三度まで」「四の五の言うな（三までならよい）」と、3という数字は座りがいいのかもしれません。

2　議院内閣制と大統領制──日本とアメリカを例として

　　三権分立で、司法権は裁判所を独立させるということはほぼ共通していますが、立法権と行政権については、デモクラシーの国でも大きく分けて2つのタイプがあります。政治システムの差は、結果にも影響を及ぼします。国全体のシステムとして最も大きな違いである、議院内閣制と大統領制を、日本とアメリカを例として見てみましょう。

！ 日本の議院内閣制

　議院内閣制は議会制デモクラシーの母国であるイギリスで形成されました。そのため、イギリスの国会議事堂がある場所の名前を取ってウェストミンスター型デモクラシーと呼ばれることもあります。議院内閣制では、立法府（議会）における多数派が行政府（政府）を掌握します。

　議院内閣制はイギリスで生まれました。もともと内閣とは国王の諮問機関でした。国王が重要な決定をする際に、意見をたずね求める存在だったのです。たしかに、議院内閣制を採用しているのは君主（国王や天皇）をいただいている立憲君主国に多いのです。[1]

　議院内閣制は大統領制に比べ、立法府と行政府が融合したシステムです。そのため立法府と行政府が対立することもある大統領制（後述）に比べ、より強い政府が生まれると考えられています。与党が議会だけでなく内閣をもコントロールします。

　日本では、首相と国会（衆議院）の過半数の議員は通常、同じ政党・会派に属しています。つまり首相の政党＝国会の第1党という図式がなりたちます。これに対してアメリカでは、大統領と連邦議会の与党が別の政党であることが珍しくありません。

　日本国憲法第65条は「行政権は、内閣に属する」として行政権の最高機関に内閣を置いています。内閣は国会の信任に基づいて成立し、国会に対して責任を負います。具体的には次のようなしくみになっています。

　内閣総理大臣（首相）は国会議員の中から選ばれます（憲法第67条）。首相は国会の議席数が最も多い第1党から出ることが通常ですが、連立内閣（複数の政党が内閣のメンバーとなって政権を担当すること）などの場合、それ以外の政党のこともあります。

　首相は行政の最高責任者で、その他の国務大臣を任命したり辞めさせたりする権限を持ちます。大臣の過半数は国会議員でなければなりません。現実には、国会議員以外の民間人が大臣になることは多くありません。[2]

　首相は衆議院に対して解散権を持ち、自らの意志で衆議院を解散させて総選挙を行い、国民に信を問う（国民の意見を聞く）ことができます。

　逆に衆議院は内閣不信任決議を提出して内閣に進退を迫ることができます。内閣不信任決議が可決された場合、内閣は10日以内に衆議院を解散するか総辞職しなければなりません。首相と衆議院の間にはこのような緊張関係があります。

　最高裁判所は違憲立法審査（ある法律が憲法に適合しているかどうかの判断）

＊1　首相 prime minister を直訳すれば「第一の臣民」つまり、君主に従属する国民の意。

議院内閣制
　parliamentary government
大統領制
　president institution

日本国憲法　67条
第1項　内閣総理大臣は、国会議員の中から国会の議決で、これを指名する。この指名は、他のすべての案件に先だつて、これを行ふ。
日本国憲法　68条
第1項　内閣総理大臣は、国務大臣を任命する。但し、その過半数は、国会議員の中から選ばれなければならない。
第2項　内閣総理大臣は、任意に国務大臣を罷免することができる。
日本国憲法　69条
内閣は、衆議院で不信任の決議案を可決し、又は信任の決議案を否決したときは、十日以内に衆議院が解散されない限り、総辞職をしなければならない。

＊2　**大臣と国会議員**
日本では国会議員は大臣を兼ねることができるが、大臣になると国会議員をやめなければいけない、というシステムの国もある。大臣にはある分野の権力が集中するので議員生活のために悪用しないように、ということなのだろう。

の権限を有しています。内閣は裁判所に対して最高裁判所長官を指名し、国会は弾劾裁判所を設置し疑義のある裁判官を罷免（辞めさせる）することができます。このようにしてお互いが抑制しているのです。

❗ アメリカの大統領制

大統領制はアメリカ合衆国が独立したときにつくり出された制度とされています。議院内閣制と比較して、立法府、行政府、司法府の三権の独立とチェック・アンド・バランスが厳しいシステムです。

国民は大統領と国会議員の両方を選挙で選びます。この点が、国民が国会議員を選び、その中から国会議員によって首相が選ばれる議院内閣制と大きく異なっています。閣僚は大統領が任命し、議員と兼任できません。国民から直接選ばれる大統領は、国会ではなく国民に対して責任を負います。

立法府（議会）、行政府（政府）、司法府（裁判所）の三権は独立し、相互のチェック・アンド・バランスを基本原理としています。[3]

大統領とは行政の長であると同時に一国の国家元首です。アメリカの制度は、議院内閣制になる前のイギリスの王政をまねたともいわれ、大統領は「公選制の君主」「選挙制の国王」と言われることもあります。

議員と大統領はいずれも国民から直接、選挙によって選ばれます。お互い

*3　三権分立
1787年にハミルトン、ジェイ、マディソンらによって起草されたアメリカ合衆国憲法案で導入されたと言われる。

韓国と台湾の政治システム

近隣の韓国、台湾の政治システムを日本と比べてみましょう。

韓国の大統領は任期5年、国民の直接選挙により選ばれます。再選は禁止されています。韓国は大統領制ですが、国務総理のポストがあります。総理の任命の権限は大統領にありますが国会の同意が必要とされるなど、議院内閣制的な要素も含まれています。

韓国の大統領は、政府の最高指揮権をはじめとして、法律案への拒否権や、非常事態において国会が召集できない場合に法律の効力を持つ命令を発する権限（緊急命令権）など強大な権限を有しています。朝鮮戦争当時から北朝鮮と対峙し、緊急事態（新たな戦争の勃発など）に対応した仕組みと言われています。

台湾は総統制（大統領制）で任期は4年です。直接選挙で当選した総統が行政院長（首相）を指名し

ます。政府は行政院、立法院、司法院のほか監察院（公務員の弾劾などを行う）、考試院（公務員登用試験などを行う）からなる五権分立のシステムです。長らく国民党の一党支配が続いてきたため、総統と国会が異なる政党になるということが想定されていませんでした。そのために、総統（大統領）の権限は必ずしも強くありません。

議院内閣制をとる日本、大統領制をとりながら議院内閣制の性格も持つ韓国、大統領が行政の長を議会の同意に関わらず任命する台湾、とそれぞれ違いがあります。

＊台湾について詳しくは第9章参照。台湾は大陸から逃れた蒋介石率いる中国国民党が長らく実質支配してきた。正式な国名は中華民国だが、日本は国家として承認していないため、マスコミでは台湾と表記する。オリンピックなどスポーツ分野ではチャイニーズ・タイペイと呼ばれる。

＊4　**行政府と立法府の使い分け**
国際政治上での微妙な問題の場合などで使われる。たとえば中国と台湾の対立問題（中国は台湾の独立を認めていないが、アメリカは冷戦時代から台湾を支援していた。第9章参照）で、ホワイトハウスと議会では立場が違うことがある。政府の立場なのか議会の立場なのか、見分けることが必要になる。

独立しており、議院内閣制にある議会の解散権とか内閣不信任決議などはありません。

大統領は議会に対する法案提出権を持っていません。大統領が議会に関われるのは、基本的政策や予算、法案について議会に報告・勧告を行う「教書」のみです。議会が可決した法律案に対して大統領は拒否権を有しますが、議会が3分の2以上の賛成で再度可決したときには法律は有効となります。

アメリカの議会（連邦議会）は、上院と下院からなる二院制を採用しています。上院議員は州を単位として、各州2名ずつの定数100名、下院議員は人口に比例して各州に配分され、定数は435名です。

議会は大統領・最高裁判所に対し国政調査権、大統領や裁判官の弾劾権を持ちます。たとえば議会は問題を起こした大統領に対して、下院の訴追に基づき上院が弾劾裁判を行い、出席議員の3分の2以上の賛成によって大統領は有罪となります。

大統領は法律に対する拒否権、最高裁判所判事の任命権、最高裁判所は違憲立法審査権を有して相互にコントロールをしています。この点は議員内閣制と似ています。

議院内閣制をとる日本では、行政府と立法府が一体化しています。具体的には政府の意向と与党の意向はほぼ同じです。一方、アメリカでは、大統領すなわち行政府（ホワイトハウス）と立法府（キャピトルヒル）は別の政党ということもあるのです。

ニュースなどで「アメリカの立場は……」という言い方がされるときでも、ホワイトハウス（行政府）とキャピトルヒル（立法府）では見解が違うこともあります。極端な話、意図的に立場を使い分けることも可能です。＊4

3　首相を選ぶ──イギリスと日本を比較して

では、同じ議院内閣制をとる日本とイギリスは、まったく同じ仕組みだと言ってよいでしょうか。歴史的、文化的な背景を含めて、必ずしもそれは正しくありません。

❗ イギリスの「影の内閣」

イギリスは日本と同じ議院内閣制の国ですが、有権者は選挙の際に国会議員を選ぶことと同時に、自分が選んだ政党の党首が首相になることを強く意識しています。つまり間接的に首相を選ぶ選挙になっているのです。

19世紀から2大政党制が続くイギリスでは、国民は党首を意識して投票

します。

　選挙で敗れた野党は「影の内閣」を形成します。実際の内閣と同じように
それぞれの役割を決め、政策を議論し、次の総選挙での政権交代を狙いま
す。影の内閣の役割は、政府の活動を監視・批判し、政府と代替的な政策を
提起することです。政権を取った場合、影の内閣のメンバーがそのまま大臣
として入閣します。[*5]

　イギリスの議会（下院）では、日本の国会と違って、本会議場は議長席を
挟んで与党と野党が向かい合うように座ります。その最前列にはそれぞれ
実際の政府閣僚と「影の内閣」の閣僚が並び、政策討論を行います。国民は
その議論を聞いて政治上の問題点を知り、次回選挙での判断材料とするわ
けです。

❗ 日本に二大政党制は可能か

　これに対して日本では、選挙が必ずしも首相を選ぶ場にはなってきませ
んでした。

　1955年以来長らく、自由民主党が政権を維持してきました（55年体制⇒第
3章ミニコラム参照）。首相は自民党内の派閥（共通する利害で結びついたグ
ループ）の力関係で選ばれることが多かったため、首相候補者は、直接国
民を意識するよりも、党内の派閥の存在に配慮する必要があったのです。
首相になるためには何よりも、自民党内で多数派を形成しなければなりま
せん。[*6]

　1993年から短期間、自民党は下野（野党になること⇒第3章注3参照）しま
したが、94年には政権に復帰、基本的には自民党を中心とした政権が21世紀
になっても続きました。2009年には民主党が政権をとり、本格的な二大政党
制の開始かと思われましたが、2012年の総選挙では再び自民党が圧勝し、政
権の座に返り咲きました。自民党的な首相の決め方は、今も健在だと考えら
れます。一方で党首討論なども実施されています。

　議院内閣制では、内閣総理大臣は国会議員から選ばれます。国民が直接選
ぶわけではありません。そのため必ずしも国民の望む人がなるわけではな
いのです。

　この点を改めて、内閣総理大臣を直接国民の投票で選ぼうという試みが
首相公選制です。首相公選制は、大統領のような強力な首相のリーダーシッ
プを期待して行われます。また、議会と政府の分離を試みるという意味があ
ります。

　イスラエルでは1992年に首相公選制を選択しました。しかし議会の多党

＊5　影の内閣
Shadow Cabinet
2009年の衆院選で大敗し、野
党となった自民党は谷垣禎一
総裁のもと、影の内閣（シャ
ドウ・キャビネット：SC）を
組織した。2012年10月に新党
首となった安倍晋三もSCを
結成したが、同年12月の衆院
選で与党に復帰した際には安
倍首相以外の大臣は新たな顔
ぶれとなった。

＊6　日本の首相選出
イギリスの総選挙が間接的に
ではあるが事実上は直接的に
首相を選ぶ機会となるのと比
べて、日本では首相は二重三
重に間接的に選ばれていたの
はここに原因がある。誰が首
相になるかわからない上に、
誰がなってもあまり違いがな
かった。

化が進み、公選で選ばれた首相の力が弱まったため、逆に2001年３月に首相公選制を廃止しました。日本でも、首相公選制を行うためには憲法の改正が必要で、実現は容易なことではありません。

現在では、日本でもイギリス流の党首討論が行われるようになり、2003年の公職選挙法の改正以降、各党が選挙の際にマニフェスト*7を用いるようになってきました。日本の議院内閣制も徐々に変わりつつあるのかもしれません。

＊7 **マニフェスト**
政権を獲得した際の政策目標について、財源や実施の手順・時期などを明示した公約のこと。2013年夏の参院選でも各党が作成し、具体的な政策や公約を掲載した。

❗ さまざまな政治の仕組み

それぞれの国には、文化や歴史に応じて独自の政治の仕組みがあります。世界中をみても、完全に同じ政治システムの国はないと言ってよいでしょう。

たとえばドイツは大統領制をとっていますが形式的で、実際には議院内閣制で首相が最大の力を持っています。フランスは議院内閣制と大統領制の融合形態である半大統領制をとっています。首相は大統領によって選ばれますが、議会の多数派から選ぶ必要があるため、大統領と首相が違った政党になることもあります。*8

＊8 **大統領と首相が違う政党**
これをコアビタシオン（保革共存）という。言葉のもともとの意味は「同棲」。

このような点から、さまざまな国の政治システムなどを比べて政治を分析する政治学の一分野を比較政治学といいます。

民主制度と一口に言ってもさまざまなバリエーションがあり、選挙制度もほとんどの国で少しずつ違っています。

4 権力の集中を阻む方法

❗ 多選禁止——時間的分権

権力が一極集中すれば必ず濫用されるという考え方から三権分立が発達しましたが、権力の独占を抑制するためには他にもさまざまなシステムがあります。大統領や首長の多選禁止や、議会の二院制、そして中央と地方政府のチェック・アンド・バランス（第５章参照）もその１つです。特に、多選禁止は、権力が長期にわたって固定されることを防止しようという時間的分権の考え方です。

二院制 bicameralism

大統領制では、議会の議院と大統領のいずれもが国民の選挙で選ばれます。直接選挙で選ばれる大統領は、時に反対勢力の意見を気にせずに自らの力をふるうことができます。

議院内閣制の場合、首相は議会からの信任を失えば解散総選挙か内閣総

辞職となりますが、大統領は弾劾裁判などを受けない限りその職にとどまることができます。大統領は国家元首としてメディアに登場したり、国民に語りかけたりするなど大きな影響力を持ちます。常に国民の目に触れていることは、自らの選挙にも大きな影響を及ぼすでしょう。

　大統領に対して多選禁止の仕組みを持つ国が多いのは、大統領がこのような大きな権限を持っているからです。たとえばアメリカ大統領の再選は2期8年までと決められています。

　日本の地方自治は、こうした点でアメリカの大統領制と似た面をもっています。直接選挙で選ばれ、権力の集中する首長は、巨大な行政の組織（たとえば県庁）を自らの広報手段、選挙マシーンとして使うことが可能です。毎月各家庭に配られる「県からのお知らせ」の表紙に、自分の顔写真と政策を載せることもできます。こうした宣伝効果により、選挙の際には現職候補が絶対的に有利です。

　そのため、知事や市町村長の通算任期を定め、これを尊重することを求める条例も、東京都杉並区や神奈川県で定められたことがあります。しかし提案した首長が変わると有名無実になりました。個人的に多選をしないこと

多選禁止とは逆に、次の大統領を選ぶ権限を、今の大統領が持っている国もありました。審判とプレーヤーが一緒ですね。

コラム　政治家の言葉I　田中角栄

　田中角栄（1918〜93）という政治家がいました。1972（昭和47）年に総理に就任、日中国交回復を実現し日本列島改造論を提唱しました。高等小学校卒業で総理大臣になったことから「庶民宰相」として人気を博しましたが、74年に金脈問題から辞任に追い込まれ、その後収賄事件で逮捕されます。裸一貫で総理の座に上り詰めた彼の言葉からは、よきにつけ悪しきにつけ、政治の世界で「権力」を手に入れるための秘訣が感じられます。

　ここでは田中角栄の名言をご紹介します。

・政治には必ず「敵」と「味方」ができる。政治の要諦とは、その敵と味方の間に、なんとなく自分に好意を持ってくれる広大な「中間地帯」をつくることなんだ。

・初めに結論を言え。理由は三つに限定しろ。

・時間の守れん人間は何をやってもダメだ。

・政治家は発言の、
　言っていいこと・悪いこと、
　言っていい人・悪い人、
　言っていい時・悪い時、
　に普段から気を配らなければならない。

・人間は、やっぱり出来損ないだ。みんな失敗もする。その出来損ないの人間そのままを愛せるかどうかなんだ。政治家を志す人間は、人を愛さなきゃダメだ。
　東大を出た頭のいい奴はみんな、あるべき姿を愛そうとするから、現実の人間を軽蔑してしまう。それが大衆軽視につながる。それではダメなんだ。
　そこの八百屋のおっちゃん、おばちゃん、その人たちをそのままで愛さなきゃならない。
　そこにしか政治はないんだ。政治の原点はそこにあるんだ。

を約束している首長もいます。

多選禁止は職業選択の自由を奪うという議論や、そもそも多選は能力や人気があるからだという反論もあり、難しい課題となっています。何より、政治家自身に自分の政治活動を制限することが可能なのか、という根本的な疑問もあります。何よりも自らの当選を望むのが、政治家の心情だからです。

！ 二院制

二院制が発祥したイギリスでは、貴族院（任命制）が庶民院（選挙による）をコントロールするという考えがありました。日本でもこれと同じ発想から、大日本帝国憲法下で1890（明治22）年に貴族院と衆議院の二院が誕生しました。

これに対してアメリカ合衆国では、各州の代表者から構成された元老院を上院、民衆から選出された代議院を下院と呼んでいます。このタイプの二院制はほかにもドイツやスイスなど、多くの連邦国家（国家に準ずる自治体が平等な関係で結合した国家）で採用されています。[9]

二院制のメリットとして、十分な議論がなされるということや、他の院へのチェック・アンド・バランスがあげられます。法律案が1つの院で認められても、もう1つの院で否決されることがありうるからです。

他方で決定までに時間がかかることや、そもそも同じような方法で選出される議員は必要がないといった議論があります。衆議院と参議院で違った政党が第1党となることによって（いわゆる「ねじれ現象」）、政治的対立から法案が先送りになることもしばしばです。[10]

二院制のメリット・デメリットについても即断は難しそうです。

課題
この章のテーマをさらに深めるために

●議院内閣制と大統領制を比較し、その長所・短所を考えてみましょう。

●ここで取り上げた国以外にも、世界の国々がどのような政治システムを持っているのか、フランス、ドイツやあなたの興味のある国について調べてみましょう。

●三権分立だけでなく、日常の活動の中でも、権力のチェック・アンド・バランスをとる仕組みについてどんなものがあげられますか。

＊9 **上院と下院**
アメリカ合衆国の上院（upper house）と下院（lower house）という名称は、1790年代に2階建ての公会堂を議院として使用していたころ、人数の多い代議院が1階を、少人数の元老院が2階を使用したことから使われ始めたとされている。

＊10 **「ねじれ現象」とカーボンコピー**
日本の参議院はよく言えば「良識の府」、悪く言えば衆議院の「カーボンコピー」（写し）とされる。「ねじれ」の存在により国会が紛糾し、国政がストップすることもある。18世紀フランスの政治家シエイエスは、「上院は下院と一致すれば無用であり、一致しなければ有害である」という名言を遺した。

第5章 地域から日本を変える
地方自治、地方分権

このあいだ久しぶりに実家に帰ってきたんだけど、やっぱりふるさとっていいなぁ。自分が生まれ育った場所、自分の原点って気がしたよ。

そうだよね。私も地方公務員を目指して、卒業したら地元に帰ろうかな。収入は安定してるし、男女格差はないし、最高の職場だよね。

甘いなぁ。地方自治体はどんどん変わってきているんだよ。地方公務員だってこれからは大変さ。これまでの市町村のままでは生き残れないよ。

合併によって自治体はどんどん大きくなっていきました。しかし、単身者世帯の増加など、私たちの属する共同体は逆にどんどん小さくなって、その分、自治体の仕事が増えています。この章では私たちの生活に直接関わる、政治の出発点としての地方自治について学びます。

この章で学ぶこと	● 基礎自治体とは何か、どのように変化してきたのか
	● なぜ、市町村合併が行われたのか
	● 21世紀に自治体が直面している課題は何か

1　地方自治は「顔の見える政治」

　地方自治は、私たちにとって「顔の見える政治」です。国政はテレビの中で見るものであっても、地方自治は自分たちの生活に密着したところで行われています。一般の人にとって国会議事堂は見学する場所ですが、居住地の市役所や町役場は手続きや書類の交付のために訪れる場所です。顔の見えるところで行われている地方自治は、後で述べるように「デモクラシーの学校」とも呼ばれています。

　私たちは必ずどこかの地方自治体の住民です。住民とは「市町村の区域内に住所を有する者」（地方自治法10条 1 項）と定義されます。市町村は私たちが生まれ、教育を受け、生活をし、やがて死んでいくことのすべての基本となる場所なのです。

　地方自治は大きく変わりつつあります。「顔の見える政治」のカバーする範囲は、社会の変化や、交通など移動手段やコミュニケーションの方法によって、大きく変化しました。それを示すのが、合併による基礎自治体の数と、その規模です。

> **地方自治法　第10条**
> １項　市町村の区域内に住所を有する者は、当該市町村及びこれを包括する都道府県の住民とする。
> ２項　住民は、法律の定めるところにより、その属する普通地方公共団体の役務の提供をひとしく受ける権利を有し、その負担を分任する義務を負う。

❗ 大合併で変化した市町村

　日本の市町村は、合併によって数が大幅に減りました。「平成の大合併」が本格的に始まった1998（平成10）年 4 月には3232だった市町村が、12年後の2010（平成22）年 4 月には合併により1727市町村と半分近くに減っています。それによって市町村の平均人口と面積は拡大しました。

　日本の市町村は、これまで 3 回の大合併の時期がありました。

　まず明治の大合併。1883（明治16）年には 7 万1497もあった市町村が、近代化の流れの中で、市制町村制が施行された1889（明治22）年には 1 万5859[*1]と 4 分の 1 以下に激減しています。これは明治維新に伴い、中央集権的な国家が形成される過程で行われました。

　住民登録や福祉、教育など、住民と直接接触しサービスを行う、これ以上小さいものが存在しない自治体を基礎自治体と呼びます。明治時代の基礎自治体の規模は、人間が歩ける範囲でした。歩いて行ける距離に役所があり、小学校を持てる規模くらいの人口であることが当時の基礎自治体の目安でした。

　第 2 次世界大戦後、昭和30年前後に昭和の大合併がありました。1953（昭和28）年10月に町村合併促進法、1956（昭和31）年 6 月に新市町村建設促進法が施行され、日本は高度成長期を駆け抜けていきます。

*1　以下のデータは総務省ウェブページによる。
http://www.soumu.go.jp/gapei/gapei2.html

1953（昭和28）年4月には1万0041あった市町村が、1960（昭和35）年10月には3510となります。これ以降、平成の大合併まで日本の市町村数は3200から3300で推移しました。この時代の基礎自治体は、自転車で行ける範囲に役所があり、中学校を持てる規模くらいの人口が目安でした。

　現在、人口が最も多い市町村は横浜市で約375万人（2019年8月1日現在）。一方、いちばん小さいのは東京都青ヶ島村で170人です（2019年8月1日現在）。その差は2万倍以上です。面積が最も広いのは岐阜県高山市（2,177.67km²）。小さいのは富山県船橋村（3.47km²）。こちらは約630倍です。「市町村」という括りの中には、これだけの多様性があります。

❗ 平成の大合併とは何だったのか

　なぜ「平成の大合併」が行われたのでしょうか。それは、これまでの市町村の体制では、新しいさまざまな問題に対応できなくなったからです。責任ある自治体をつくるには一定の規模と人的な能力が必要となってきたのです。財政の逼迫も合併の動きに拍車をかけました。

　さまざまなサイズの市町村がある中で、少子高齢化や環境、過疎化など、ある程度の規模の自治体でないと対応できない問題が出てきました。高齢社会を迎えた中で、自治体が扱う問題はますます複雑多岐になっています。

みなさんは、自分のふるさとの何を自慢に思っていますか？

　病院や福祉施設を持とうとしても、維持していけるだけのスケールが必要です。国から地方への分権の流れの中で、小さすぎる自治体では受け皿として人的・能力的に困難です。小さな役場では、福祉や教育、ICT（情報通信技術）などいろいろな分野の専門家を揃えようと思っても限界があります。

　また、実質的に地方は車社会のため、役所は車でいける範囲にあればよいと目安も変わりました（不便になってしまう人もいますが）。

　もちろんマイナス面もあります。長い間慣れ親しんだ名前が消えることには誰もが寂しい思いをします。移行当初は手続きが煩雑になることもあります。住民からは、自治体が広くなることで中心部以外は取り残される、住民サービスが低下したり、地域の歴史や文化が失われるという不安の声が聞かれます。

　一方、行政の側にも、議員の数が減ることで、住民の声を聞く機会が減ってしまったり、地域に応じた細やかな対応ができなくなるのではという心配があります。

2　自治体は大きく、共同体は小さく

　基礎自治体の規模は、合併によってどんどん大きくなってきました。とこ

ろがこれと逆行するように、私たちの生活の基盤である「家族」や「コミュニティ」はどんどんスケールが小さくなっています。

今や都市部では単身家庭が全世帯の半数以上を占めるようになっています。明治の大合併→昭和の大合併→平成の大合併と進むにつれて、家庭の方は大家族→核家族→単身家庭へと規模が小さくなってきたのです。

それに伴って、これまで家族やコミュニティの役割とされていたものに、自治体が関与する流れになっています。たとえば、高齢化が進み、これまでは家族で世話をしていた高齢者の介護を地方自治体が行うことが当たり前になりました。そのための費用もかさみます。

地方自治の最大の問題は、このような「個」の時代に、どうやって「コミュニティ」（共同体）を運営していくかであろうと思われます。

私たちの身近な地域において、生活に欠くことのできないサービスを提供していた基礎自治体は、個人がバラバラになればなるほどその重要性が増すという経過をたどったのです。

団体自治と住民自治

地方自治とは、1つの国の中で地域の住民により自己統治が行われることです。日本の地方自治には、団体自治と住民自治の原則があります。

団体自治とは、地方自治体の自立です。地域が、国の関与をできるだけ排した自律性を保つことです。自治体が独立して、自由に自らの意志を決定することができることは、憲法第94条「地方公共団体は、その財産を管理し、事務を処理し、及び行政を執行する権能を有し、法律の範囲内で条例を制定することができる」が根拠になっています。

住民自治とは、住民の政治参加です。住民自らの意思に基づいて自己統治を行うことです。自分たちのことは自分たちで決める。憲法第93条に「地方公共団体の長、その議会の議員及び法律の定めるその他の吏員は、その地方公共団体の住民が、直接これを選挙する」とあることがその根拠です。

国に頼らないで自立してやっていける団体自治と、住民が自らの意志で経営していく住民自治。市町村合併は、団体自治の立場からは効率的でメリットが多いのですが、逆に住民自治の観点からは、自治体が大きくなればそれだけ住民の意思から遠くなるかもしれないという心配があります。

地方はどう変わってきたのか

「地方」という言葉には「中央政府」に対する「地方自治体（地方公共団体）」という意味があります。この意味で地方政府という言い方もされます。

第 9 章のコラム「政治家の言葉Ⅲ」でGHQの最高司令官マッカーサーの言葉を紹介しています。

第 4 章で権力分立の必要性を述べました。地方政府という言葉からは、中央政府へのチェック・アンド・バランスが感じられます。第 2 次世界大戦後、日本の地方自治をデザインした人たちはその必要性を考えていました。

第 2 次世界大戦後、GHQ（占領軍総司令部）による日本の占領の中で、日本の民主化の一環として新しい地方自治のかたちが定められました。それまでの中央集権的な日本の中央・地方関係が戦争の原因の 1 つだったとされたのです。中央政府ですべてを決めるのではなく、権力の分立が民主化に重要だと考えられました。

❗ 地方にも権力を分立させるシステムの形成

日本国憲法は、第 8 章を地方自治にあて、特に第92条では「地方公共団体の組織及び運営に関する事項は、地方自治の本旨に基いて、法律でこれを定める」と謳いました。大日本帝国憲法にはなかった「地方自治の本旨」が明記されたのです。

ただし「地方自治の本旨」（地方自治の本来の目的）が何かは、「公共の福祉」と同じように抽象的で明確化されていません。住民自治と団体自治の原則をさす、という考え方が一般的ですが、いろいろな意見があります。

第 2 章で学んだように、日本の国政はイギリス型の議院内閣制です。一方、地方自治はこのような歴史的経緯からアメリカ型の大統領制となりました。そのため議会も首長も住民が直接選ぶ形になったのです。[2]

このような変化の過程で、いかに地方をコントロールするかが大きな問題となりました。そこで都道府県知事や市町村長などを国の機関とみなして、地方自治体に国の事務を行わせる機関委任事務が多く用いられています。また、自治体の収入の 7 割が国から来る（ 3 割自治）と言われたように、実際には中央政府の関与の強い体制でした。

＊ 2　直接選挙と改革
日本国憲法と同時に施行された地方自治法によって行われた改革には以下のものがある。
①それまで内務大臣の任命であった都道府県の知事を選挙によって選ぶ。
②市長・町長・村長を、それまでの市会や町村会の間接選挙から、住民の直接選挙によって選ぶ。
③地方行政と警察など内政全般を担当していた内務省を解体する。

3　なぜ、いま地方分権か

中央と地方が一体となったシステムが、戦後の復興から高度成長へと一気に駆け上がっていく日本にとって効率的な一面があったことは否めません。しかし、安定成長期が終わり、バブル経済が崩壊した1990年代になると、地方分権改革論議が高まりました。[3]

なぜ地方分権が叫ばれるようになったのでしょうか。市町村合併のときと同じく、国と地方の財政危機という問題がその背景にあります。また、地方分権推進法の趣旨に沿って設置された地方分権推進委員会では、以下のような議論がなされました。

＊ 3　地方分権改革論議
具体的には、1993（平成 5 ）年 6 月に「地方分権の推進に関する決議」が衆議院・参議院の両方で行われ、地方分権推進委員会が設置されて本格的に地方分権が推進されることになった。1995（平成 7 ）年 7 月には地方分権推進法が施行された。

①グローバル化時代の中で、国は国際社会への対応に時間とエネルギーを割くべきである。国内政策は可能な限り地方に任せる。
②日本は多くの分野でナショナル・ミニマム（必要な最低限のサービス）を達成した。それ以上は、地方が住民の意志に基づいて判断するべきだ。
③企業も人も東京に集中する東京一極集中を是正するとともに、中央の縦割り行政の延長ではなく地方の総合行政（たとえばトータルな高齢者福祉）を充実すべきである。

　たとえば全国に毛布を配布するとしましょう。冬の厳しい北海道にも、雪の降らない沖縄にも同じ毛布1枚、というのが統一的な（同時に画一的な）サービスです。国全体がまだ貧しいときには、そのようなナショナル・ミニマムが必要な時代もあるでしょう。しかし、日本は経済大国に成長しました。いちばん住民に身近なところで、地域にあった多様なサービスをすばやく提供するのが地方分権の考え方（ニア・イズ・ベター）です。

❗ 国と地方の役割分担の見直し

　2000（平成12）年4月に地方分権一括法（地方分権の推進を図るための関係法律の整備等に関する法律）が施行されました。目的は、地方の自主性や自立性を重んじる立場から、国と地方の役割分担の見直しを図ることにありま

なぜ、いま地方分権なのか？

外交

防衛

通貨

地方

国

地方の事は
地方に任せて

地方

沖縄にも
北海道にも
毛布一枚？

広い日本列島！

ナショナル・ミニマムが
達成したあとは
身近な地方に決めさせて！

実は国と地方の財政危機という面も…

もう地方に使える
お金ないなー

す。

　そのため、自治体の事務は自治事務と新たに設けられた法定受託事務に整理されました。これまでの機関委任事務はその6割が自治体の自治事務に変更されることになりました。[*4]

　法定受託事務には何が残ったのでしょうか。たとえば国政選挙は通常数年に一度で、国が常時開設した事務所（税金に関する税務署のような）を持つことは非効率と考えられますので、必要な時だけ地方自治体に依頼します。パスポートの発行などは、自治体ごとにやり方が違っていたら困りますので統一する必要があります。したがって国がお金も口も出すわけです。

　国と地方は、「上下・主従」関係から「対等・協力」関係への一歩を踏み出したのです。最初に取り上げた「平成の大合併」も、このような分権を行う上で、責任ある自治体をつくるには一定の規模と人的な能力が必要である、という考えに基づいています。

　実際には合併を進めるため、財政、条件緩和、議員の身分保障などさまざまな優遇策が用いられました。合併したら共通の部分は予算が削減できるはずですが、それを一定期間（10年間）合併がなかったものとみなして算定する特例（合併算定替）も行われました。これによって、削減されるはずの経費を他の目的に使うことができるのです。お金の面での優遇策など、合併する自治体への「アメ」も用意されていたということです。

❗ 理想の地方分権に向けて、最大の問題は「お金」？

　日本の地方分権は「平成の大合併」で完結したわけではありません。それどころか、国と地方は「上下・主従」関係から「対等・協力」な関係へスタートを切ったに過ぎないのです。残された大きな課題はお金（財源）の動きです。[*5]

　まず、国庫支出金の問題があります。公共事業や義務教育など、地方が行う特定の事務や事業に関わる経費について、国がその使途を指定して支給するものを国庫支出金（いわゆる補助金）といいます。

　地方にとって重要な財源ですが、何に使うかは国によって決められています。中央省庁がその交付を通じて地方自治体をコントロールすることにもつながり、各省庁の縦割りを促進する面もあります。地方の中央依存を強める原因の1つです。

　次に地方交付税の問題があります。地方交付税は、国税の中から地方に支出されるものです。目的は財源の豊かな都市部とそれ以外の地方財政の格差をなくそうとするもので、使途も限定されていません。いわば地方の赤字

＊4
自治事務
自治体の本来の仕事。たとえば都市計画の決定、飲食店や病院・薬局の開設許可など。

法定受託事務
国が本来果たすべき事務のうち、自治体に処理を委託する事務、たとえば国政選挙、パスポートの交付、生活保護、国民年金など。国の強い関与が認められている。

＊5　地方歳入（財源）
地方税収の主なものには住民税、法人税、地方消費税、固定資産税などがある。これらについて、全国平均を100として、都道府県別に人口1人当たり税収額を比較してみると、最も大きいのが東京都の165.9、次いで愛知県の118.6となっている。一方、最も小さいのが沖縄県の67.1、次いで長崎県の70.1となっている。東京都と沖縄県では、約2.5倍の格差となっている。（平成29年版地方財政白書より）

の穴埋めを国がしてあげるようなものです。

　財政力の弱い自治体には何らかの救済策が必要です。しかし、現行の制度では財源の乏しい地方ほど多額に交付されることになり、自助努力を失わせてしまうおそれがあります。

　地方分権改革の中では、2002（平成14）年 7 月に三位一体改革と呼ばれる分権財政改革案が出されました。これはお金の面での地方分権を進めるものです。①補助金削減（国から地方への補助金を減らす）、②交付税改革（収支不足の補填を見直す）、③国から地方への税源委譲、という内容で、自治体財源の仕組みを再構築する目的があります。財政的不安を抱える小規模の市町村には、これを機に合併に踏み切る動きが広がりました。

　しかし、地方財政の自立にはそれだけでは不十分で、国の一般会計を通さない地方共有税の創出など、新しいアイデアが議論されています。いずれにしても、地方分権のためには財源の見直しが必要です。

　2009年に政権与党が自民党から民主党に移り、2013年に再び自民党へ戻る間に顕著になったことがあります。それは地方自治体の首長の活躍が目立つようになった、ということです。かつては自民党の盤石な体制の中に組み込まれていた県知事、市町村長の中から、強いリーダーシップを持つ政治家が次々登場するようになりました。たとえば橋下徹大阪市長は新党を立ち上げましたし、東日本大震災からの復興の中で、宮城県の村井嘉浩知事のように、地方のリーダーとしての首長の活躍が目立つようになりました。

あなたの住む市はどのランク？

　「指定都市」とは政府が政令で指定する人口50万以上の市です。児童福祉や保健衛生、都市計画などに関して、都道府県並みの権限を行使することができるようになります。札幌市、仙台市、千葉市、さいたま市、横浜市、川崎市、相模原市、新潟市、静岡市、浜松市、名古屋市、京都市、大阪市、堺市、神戸市、岡山市、広島市、北九州市、福岡市、熊本市の20の市です。

　「中核市」は、人口30万以上の市で、道路管理、児童相談所の設置など一部を除き指定都市並みの権限を持ちます（58市）。イメージとしては県庁所在都市です。

　「施行時特例市」は人口20万以上、民間の児童福祉施設・特別養護老人ホームの設置認可、飲食店、興行場、旅館業の営業許可など一部を除き中核都市と同じ権限を持ちます（27市）。イメージとしては県内No. 2 の都市です。

　それ以外が普通の市です。通常「市」となるためには、5 万人以上の人口や、中心市街地に 6 割以上の戸数があることなどの条件があります。平成22年度までは、人口 3 万人以上であれば、これらの要件を備えていなくても市となることができました。また、指定都市も以前は人口100万人という高いハードルが設定されていましたが、静岡市と清水市の合併（2003年 4 月）支援のために基準が下げられました。これらも「平成の大合併」を促進するための優遇措置でした。

（2019年 8 月 1 日現在）

地方自治体の首長は大統領制、すなわち直接選挙で選ばれています。中央政府の動きから独立して住民選挙で選ばれるということが、首長のスター化の背景にあるものと思われます。これによりたとえば大阪府では、大阪市と堺市という2つの政令指定都市を廃止し、府と市による二重行政の解消を目指した大阪都構想など、新しい発想も出てくるようになりました。

4　地方自治はデモクラシーの学校

「地方自治はデモクラシーの学校である」というイギリスの政治家ブライスの言葉があります。住民が自分たちにいちばん近い地域から政治参加をしてデモクラシーを学ぶ、という意味です。私たちのいちばん身近な地域からデモクラシーははじまるのです。*6

地方分権の時代は、今まで以上に、私たち一人ひとりが最も身近な政府である自治体に自分たちの考えを伝え、公共サービスの決定やその内容を、自分たち自身の問題として考える、そんな時代でもあるのです。

❗ 道州制──究極の地方分権と格差

基礎自治体である市町村が統合されることにより、その上にある府県制度の空洞化も進むことになると考えられます。現在の47都道府県が定まったのは1888年（明治21年）。今から130年以上も前です。

地方分権の次のステージでは、府県機能を統合して、国からの一部権限を委譲し、九州府、東北府といった道州制を実施することも議論されるでしょう。外交、防衛、通貨、司法など国の存立に直接関わること以外の内政については、実施のみならず企画立案も国から地方に委譲するという、究極の地方分権です。理想的には、外交に強い中央政府、内政に強い地方政府、住民に直結した基礎自治体という姿が考えられます。

一方で、地方分権が進むと地方自治体にも大きなプレッシャーがかかることになります。地方に権限が与えられるということは、より責任が増すということでもあります。「国が許可しないのでできません」、「地方だけの判断では不可能です」という言い訳が通用しなくなります。

自治体間の格差も大きくなることが考えられます。福祉、老後、医療、教育、安全、そして経済的な格差も発生するでしょう。現実に破綻した自治体もあります。「地方公共団体」が「地域の経営体」になることは容易なことではありません。税やサービスの格差が生まれれば、住民が自治体を選んで移動することも行われるでしょう。地方分権の将来は、必ずしもすべての自治体に明るい未来が待っているとは限らないのです。

❗ 自分たちの地域は自分たちで

　地方自治には、国にはないいろいろな住民参加のシステムがあります。

　一定以上の住民の署名によって、条例の制定・改廃の請求（イニシアティブ）が可能であり、事務監査の請求、議会の解散請求、議員や首長、その他主要公務員の解職請求（リコール）もできます。任期を待たずに首長や議員を代えることができるのです。これらを直接請求制度といいます。

　また、住民投票は、住民の意思を的確に表現するものとして、最近しばしば行われるようになってきました。

　本来、住民投票は特定の自治体にのみ適用される法律の可否について、住民の意思を問うものに限られています。市町村合併や施設の立地についてなど、これ以外の目的で行おうとする場合には、各自治体において住民投票を実施するための条例を制定する必要があります。また、法的には自治体の決定を拘束するものではありませんが、大きな影響を与えることは間違いありません。[7]

　人口の半分以上が65歳以上の高齢者で、集落の維持が難しくなった限界集落。東京一極集中を是正し、地方の人口減少に歯止めをかけようとする地方創生。そのような課題も私たちに差し迫ります。

　住んでいる場所から政治を理解すること、身近な問題から政治に参加することで、地域は大きく変わる可能性があります。地方が変われば中央も変わります。「地域から日本を変える」と言われるのはそのためです。

＊7　地方自治の可能性
総務省を経て2013年に神戸市長に当選した久元喜造氏はこう語っている。「私たちは、はるかかなたの国政に対しては選挙を通してしか参加できず、その動向を見守る観客でしかないが、地方自治の世界では自ら参加し、そのありようを変える可能性を有している。」（『ネット時代の地方自治』講談社、2013年）

課　題
この章のテーマを
さらに深めるために

● あなたの身近で行われた市町村合併について、どのようなプロセスで行われたか調べてみましょう。またその結果、どのような利点と問題が生じましたか。

● 中央集権と地方分権のメリット・デメリットについて考えてみましょう。その際、諸外国の事例とも比べてみましょう。

● 福祉、教育、経済力などについて、どのような格差が自治体に生まれているでしょうか。実際の例で検証してみましょう。その格差は許されること、あるいはどのくらいなら許容されると考えますか。

第6章 誰が政策を決めているのか？ 政治過程、政策過程

消費税が8％から10％になって、まだまだ上がる可能性があるんだって！ 私みたいな貧乏学生がどうしてそんなに税金を払わないといけないのよ〜！

所得の低い人がより高い税金を払うことは逆進性という問題になるから、日常品の税率を低く抑える低減税率が導入されたんだ。いろんな解決策が議論されたんだよ。

な、なぜおまえがそんな難しいことを…なーんだ、スマホ検索の棒読みか。たしかにヨーロッパでは国ごとに複雑な低減税率が実施されているけど、日本ではどこで線引きするか決めるのは簡単じゃないと思うよ。「みんな平等」が大好きな国民だからね。

政治とは皆が従わなければならない何かを決めていくことでした。そのための方策は、法律というかたちを取ります。政策を具体的に裏打ちするのは法律です。消費税も、法律で決められているから払わなければなりません。ここでは、政策や法律がどのようにできあがっていくのか、政策決定における日本の問題点は何かについて学びましょう。

この章で学ぶこと	● 政治過程、政策過程とは
	● 政策のつくられかた
	● 外交政策の決定過程

1 政治過程、政策過程とは何か

政策や法律が決められる際には、さまざまな問題が発生します。立場の違いによる利害の対立をどう調整するか、どのようにして最終的な合意を形成するかが政治過程[*1]です。

第 4 章で述べたような政治の仕組みそのものも大事ですが、政治過程は政治の舞台で活動する政党、官僚、労働組合や農業団体などの役者（アクター）がどのように行動するか、そのお互いの交渉の過程として政治をとらえる考え方です。

政治過程の中心になるのは政策です。その中で特に、どのように政策が形成されて、決定され、実施され、どのような効果を生んだかを分析することを政策過程といいます。政治過程と政策過程は重なる部分も多いですし、同じ意味でも使われています。

> ❗ **さまざまなアクター**

政治過程には、さまざまな役者（アクター）が活躍します。

まず政府があります。首相や大統領の考えが、政策に大きな影響があることは間違いありません。次に政治家、特に政権を握っている与党の政治家です。特定の政策分野で強い影響力を持つ族議員もいます。さらに、日本では官僚が政策決定過程で強い力を持ってきました。

共通の利益を持つ人たちの集まりを利益集団といいます。大企業の集まりである財界、日本経団連や、労働者の集まりである労働組合、連合、日本医師会や農協などが代表的ですが、地域や機能（仕事の役割）を同じくする人たちの集まりはすべて利益集団といえるでしょう。利益集団もまた、それぞれの自分たちを有利にしようと影響力を使います。

なお、利益集団の活動の一部として、自分たちの利益や理念を公共政策に取り入れるために政党や行政に強力に働きかけることを特に区別して、圧力団体ということもあります。

社会のある役割（お医者さんとか農業者とか）・職業領域をほぼ独占的に代表する巨大な利益集団が、政府の政策過程に参加する（あるいは包含されてしまう）政治形態のことをコーポラティズムといいます。

コーポラティズムは政府、労働者・使用者（財界）が協調して経済政策を決める場合などに使われます。なお、独裁型の政治体制を意味することも多いのでこれと区別し、北欧諸国などの例を念頭にネオ・コーポラティズムという場合があります。

＊1 **政治過程**
政治過程論はアメリカの政治学者アーサー・ベントレーの著書『政治過程論』（1908年）に始まったとされる。ベントレーはそれまでの伝統的な政治学を「死んだ政治学」と評した。政治は集団と集団の衝突と妥協の産物であり、そのダイナミックな動きに目を向けねばならない。制度や哲学的な研究だけでは政治の真の姿はわからないと主張した。

利益集団　interest group
圧力団体　pressure group

その他のアクターとして、マスコミが特に世論形成に大きな影響力を持っています（この章の最後で検討します）。また、外圧といって外国からの圧力が政策過程に影響を及ぼすこともあります。

❗ 政策過程のステージ

次に政策ができあがる「段階」を見てみましょう。

ある政策は「形成され→実施され→評価され、そして再び形成へ戻る」という過程をらせん状に繰り返します。そのステージは大きく分けて、①課題設定、②政策立案、③政策決定、④政策実施、⑤政策評価の5つです。[*2]

① 課題設定（agenda setting）

何が問題なのかを明らかにするステージです。国民の生活をよくするためにはどんな政策が必要なのか、あるいはどんなことが問題になっているか調査され、目標が設定されます。国家レベルの課題設定では多くの場合、官僚が担い手となりますが、利益集団が働きかけ、さまざまなアクターが活躍します。世論形成に影響を与えるマスコミの役割も大きいです。

② 政策立案（policy making）

見えるようになった政策課題に対して、どうすれば解決できるのか、その具体策が検討されます。情報が収集され、可能な選択肢（どんな対策が考えられるか）があげられます。法律案ならば国会で審議されます。

③ 政策決定（policy decision）

政策決定の権限を有する機関（多くの場合議会）が公式に政策を決定します。さまざまな駆け引きが行われることも多く、その過程で野党の意見も取り入れられて修正されたり、政策そのものが拒否されたりします。

④ 政策実施（policy implementation）

決定された政策を実施に移します。行政・司法上の決定を実際に行うことを「執行」といいます。多くの場合、行政機関や官僚の仕事です。法律など強制力を伴う手段が使われたり、補助金などプラスの利益（逆に税金をかけるなどマイナスの効果）を与える経済的方法が用いられたり、行政指導（役所が行う指導・助言・勧告）によることもあります。

⑤ 政策評価（policy evaluation）

政策の効果を評価し、必要あれば修正します。再び次の課題設定のステージへ戻ることもあります。高度成長期には予算も順調に増え、公共事業など、何かを「作り上げる」ことで政策は終了という場合が多かっ

＊2　**政策過程の例**
消費税増税の場合
①課題設定
社会保障費が足らず、税収を増やしたいので消費税率を変更したい。
↓
②政策立案
いつどれだけ増やすか、低減税率を導入するか。
↓
③政策決定
2014年4月から8％に、2019年10月から10％に引き上げる。
↓
④政策実施
消費税法を改正し、諸通達を出す。
↓
⑤政策評価
税収がどれくらい増えたかを検証する。

たのですが、予算が延びない中で評価に目が向いています。

　現在では、「政策を実施してどのくらい効果があったのか」を検証することが重要です。法律に合っているか、最も経済的な（安い）費用で行われたか、最も効果が上がるように（効率的に）なされたか、目的が十分達成されたか、などのチェックポイントがあります。

2　誰が政策をつくっているのか

❗ 閣法と議員立法

　では、日本の政策はどのようにつくられているのでしょうか。国民生活に最も大きな影響を与える「法律」を決定する、国会の現実を見てみましょう。日本の政治家は政策をつくっているように思えない、と感じる人が多いのはなぜでしょうか。

　国会に提出される法案には、内閣が提出する閣法と、議員が提出する議員立法[*3]があります。

　閣法の場合は、それを担当する省庁（たとえば経済産業省）が案を作り（起案）、省内の調整、トップ（大臣、事務次官）の了承を経て、法律のプロである内閣法制局の事前審査を受けます。

　すべての法律はお互いに食い違いがあってはいけません。ある法律で禁止されていることが他の法律で許されたり、全体としての法体系に矛盾したりするような法律はつくるわけにはいかないのです。

　皆さんは「六法全書」を知っていますか。新しい法律をつくるには、あの分厚い六法全書のどの一条一項とも食い違ってはいけないのです。極めて高い専門能力が必要とされます。

　同時に、関係省庁、予算を伴う場合は財務省との協議が行われます。最終的に内閣官房から内閣法制局の審査にまわされて、法案の閣議決定、国会提出という流れになります。与党による事前審査が行われるのは議会のところで前述したとおりです。

❗ 議員の仕事は立法にあらず？──議員立法

　一方、議員立法の場合、国会議員は政策スタッフなどを利用して案を作り、内閣法制局の審査を受けます。法案の提出にはある人数の議員の賛成が必要です。[*4]

　その上で、議員の所属する政党で承認され、国会へ提出されます。議員個人が政策をつくろうと思っても、その前に所属する政党で認めてもらう必

*3　議員立法
正確には衆議院議員が提出する「衆法」と参議院議員が提出する「参法」がある。

*4　法案提出の要件
衆議院においては議員20人以上、予算を必要とする場合は50人以上。参議院においては議員10人以上、予算を必要とする場合は20人以上の賛成が必要。

要があるのです。議員個人で立法が可能なアメリカの議会と日本が大きく異なる点です。議員が議員提出法案として政策立案を行うこともありますが、専門的・技術的能力、情報などを有する官僚による立案の方が、国会を通過する確率が高いのが現実です。

　問題はその成立する確率です。日本国憲法下での第1回から直近までこれまでの国会で通算すると、閣法が9割近い確率で成立するのに比べ、議員立法は3割程度です。

　各省の官僚が専門性・経験・情報・組織など極めて高い政策形成・立案能力を持っているのに比べて、政治家のスタッフは限られ、しかも選挙など日常の業務にその労力の大部分を割かれています。技術的な問題だけでも、国会議員が対応できていないのです。

もちろんアメリカでは秘書（政策スタッフ）の数も日本とくらべものにならないくらい多い！

　本来立法を司るべき国会議員がその任を果たしきれていません。日本だけではなく議院内閣制をとる国の多くで、このような行政府の肥大化が指摘されています。

　これを改めるために、2009年から2013年の民主党政権下では「政治主導」という言葉がよく使われました。政治主導は官僚主導に対する言葉ですが、官僚がしていた仕事をそのまま政治家がやってもうまくいきません。民主党政権下では、政治主導が官僚の排除につながって政権が混乱しました。本来の政治機能が十分に働いていないことが、かえって露わになってしまった面もあります。

　選挙を経ていない官僚が法律を決めていくことは、デモクラシーの正統性という見地からも問題があります。官僚を、専門性が高く、利害関係にとらわれない中立な立場とする見方もありますが、立法府は何をしているのか、という議論にもなりそうです。

　専門能力を持った官僚がしっかりやるべきことと、政治家が思いつきで指示するのでなく、日本全体の針路を見据えて判断することが大切です。それは決して容易なことではありません。

3　外交政策の決定過程──アリソン・モデル

　ここまでは国内でどのように政策が決まっていくのか見てきました。次は、ある国が別のある国に対してとる対外政策がどのように決定されるのか、代表的なモデルを見てみましょう。

　アメリカの国際政治学者グラハム・アリソンが『決定の本質』（Essence of Decision）で示したモデルは、彼の名前を取ってアリソン・モデルといわれています。[5]

＊5　アリソン『決定の本質』宮里政玄訳、中央公論社、1977年

ジョン・F・ケネディ
1917〜1963
第35代アメリカ大統領。任期
は1961年1月〜1963年11月。
アポロ計画に湧くアメリカ
で絶大な人気を誇ったが、マ
リリン・モンローとのスキャ
ンダルもあった。遊説中の
ダラスでパレード中に狙撃を
受けて暗殺されたが、今なお
陰謀説が噂される。

ミニコラム
映画で学ぶ現代史①
キューバ危機

キューバ危機を描いた映
画に「13デイズ」（2000年
アメリカ、ケビン・コス
ナー主演）がある。すべ
てが史実とはいえない
が、冷戦時の緊迫感がよ
く理解できる。

！ キューバ危機

　冷戦下（第9章参照）の1962年10月、ソ連がアメリカ本土の目と鼻の先の
キューバに、核ミサイルの基地を建設していることが判明します。米国本土
に瞬時に到達する核ミサイルの配備は、アメリカの安全保障を揺るがしか
ねません。

　当時のケネディ米大統領は、キューバへの空爆・侵攻を含むさまざまな対
応策を検討しました。確実にミサイルを除去できるのは軍事行動ですが、ア
メリカのキューバ攻撃はソ連による反撃をまねき、核戦争となるリスクが
高く、ケネディ（とソ連の指導者だったフルシチョフ）はギリギリの決断を迫
られます。

　ソ連から基地建設の資材を載せた船がキューバに迫ります。アメリカ海
軍はそれを阻止しようとします。世界はかたずをのんで見守ります。アメリ
カとソ連の核戦争の危機は、ソ連がミサイル撤去を決定したことで、最終的
に瀬戸際で回避されました。

！ アリソン・モデル

　アリソンは、このキューバ危機の際のアメリカ、ソ連両政府の決定を詳細
に分析しました。そして、なぜケネディが最終的に、直接の軍事行動を避
け、「キューバ周囲の海上を封鎖する」という政策を選択したのかを説明す
るのに、次の3つのモデルでそれぞれ見事な説明を行ったのです。

① 合理（合理的行為者）モデル（Rational Actor Model）

　国家は1つの意思を持った合理的なアクターと仮定されます。

　国家は、自己の利益を最大化するために追求する目標を持ち、まず国
家の生存を図ります。問題は客観的に認識され、目的が明確であり、そ
れを達成するためのすべての手段が明らかで、それらの手段の中から最
適なものが選ばれる、というものです。

　これが必ずしも現実を反映していないことは明らかです。目的が明確
で、条件が客観的に明らかで、あらゆる選択肢が比較可能で、その中か
ら最善のものを選ぶということは、個人の場合でもそうあるものではあ
りません。

② 組織過程モデル（Organizational Model）

　ここでは、国家は、制約された合理性（bounded rationality）しか持つ
ことができず、最適な行動ではなく一定の基準を満たしていれば満足す
るという満足化（satisficing）の原則によるとされます。

＊6　**不確実性と情報の限界**
どんなに優れた情報機関でも明日何が起きるか完璧に予想することはできない。また、すべての情報を漏れなくしかも重要順にならべることは専門家でも至難の業である。

＊7　**サイモンの意思決定論**
サイモンは、人間の意思決定はさまざまな制約のもとでしか行われないとして、純粋な合理性を前提とした古典派経済学に異を唱えた。彼は不確実性や情報の不完全性の問題に取り組み、ノーベル経済学賞を受賞した。

　人間の意思決定は、将来を完全には予期できない不確実性や、得られる情報の限界＊6などさまざまな制約があります。したがって理想的な最善の決定はできず、一定の満足が得られるように意思決定を行うのだと考えられます。これは組織論を確立したアメリカのハーバート・サイモンの研究＊7に基づいています。

　組織過程モデルでは、政策決定は、国家の内部にあり政策決定に関与する組織に焦点があてられます。具体的にはさまざまな官庁が考えられます。組織にはそれぞれの役割や利害があります。また、過去の決定を繰り返す傾向があります。さらに組織は相互に矛盾する決定をすることがあります。何より重要なのは、これらはそれぞれ決められた手順、ルールを持っていることです。

　たとえばTPP（環太平洋連携協定）という1つの問題について、外務省は日本の国際的役割から、経済産業省は日本の産業振興から、財務省は財政から、環境庁は地球環境から、農林省は日本の農政の保護から、防衛省は日本の安全保障から発想するでしょう。

　対外政策の決定は、それぞれのルールの適用の結果と見るわけです。したがって、トータルな国家としては合理的でない決定もありえます。

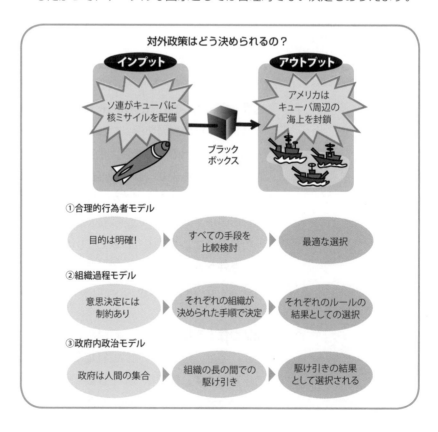

66

③ 政府内（官僚）政治モデル（Governmental Politics Model）

ここでは政府は役職についている人間の集合です。国家は複数の官僚組織から構成され、政策決定はその官僚組織の長の間での駆け引き（政治）によって行われると考えます。それぞれの長は、その属する組織または個人の利益をもとに駆け引きを展開します。その結果、さまざまな政治的資源を使ってコントロールを可能にしたグループの政策が国家の政策となる、というものです。

人間と人間が行うのが政治です。意外と「好き嫌い」が政局を決めたりします。

個人は、自己利益の最大化を図ります。このモデルでは、組織よりも人間が政策決定に重要な影響を与えることになります。日本の場合に当てはめれば、首相、内閣官房長官、各省庁の大臣、与党の有力者らの駆け引きの結果として対外政策がアウトプットされるわけです。

アリソンの政策決定のモデルは、それまでの政策決定論を集大成したものです。アリソン・モデルにはその後修正が加えられたり、いくつか他のモデルも示されたりしましたが、今なお政策決定論の基本として大きな役割を果たしています。

4　マスコミ──第4の権力？

私たちは限られた人を除いては、政治の世界を直接知ることはありません。政策決定の過程も目の前で見ているわけではありません。首相を個人的に知っている人はまれでしょうし、自分が投票した国会議員でさえ実際には会ったことがない人がほとんどでしょう。

では私たちは何をもって政治を認識しているのでしょうか。言うまでもなくテレビ、新聞、雑誌などのマスコミです。現実に行われている政治と私たちの媒介（media）をするものがマスコミ（マスメディア）です。そもそも政治上、何が課題であるのか、争点となるのは何かという「課題設定」にもマスコミの力は大きなものがあります。

❗ マスコミは社会の木鐸？

権力に対して注意信号を出すもの、それはやはりマスコミだろう、と思っている人も多いと思います。「マスコミは社会の木鐸」という言葉を聞いたことがありますか。木鐸というのは昔中国で法律などを人民に触れ歩くときに鳴らした大きな鈴のことです。転じて、世論を導くマスコミの役割として使われます。

マスコミは政策過程に大きな影響力を持ち、とりわけ世論形成、問題提起に重要な役割を果たしています。調査でもマスコミを除くすべての集団の

＊8　蒲島郁夫ほか『メディアと政治』有斐閣、2007年

リーダーたち（自民党議員、官僚、財界、農業団体、野党議員、労働組合など）が、マスコミを日本で最も影響力のある集団として考えていることが明らかにされています。＊8

しかし、マスコミはさまざまな法的規制（放送法など）や会社の利益（儲からなければ会社がつぶれる）から自由ではなく、また構造的に他の権力に取り込まれやすい体質を持っていることが指摘されています。

たとえば、政府は記者クラブに対してプレスリリース（報道機関向け発表）を提供し、定期的な記者会見も行うなど、さまざまな情報提供を行っています。そのような利益供与を受けられるのはクラブに所属する大手マスコミに限られています。そのため、権力に対する注意信号が同一化して「青信号」になる危険性は否定できません。

❗ 新しいメディアの登場

マスコミは世論を形成するのに大きな力があるばかりではなく、司法、立法、行政に次ぐ「第4の権力」（第4府）として自ら大きな力をふるうという指摘もあります。三権分立のチェック・アンド・バランスの外にある巨大な存在ともなります。

政治の世界での大きな変化も考えねばなりません。衆議院議員選挙における小選挙区制や比例代表制の導入は、かつての中選挙区制の候補者同士

投票者の心理に働きかけるのは何？

投票日の前日、「A候補が勝ちそうだ」「B候補はどうも落選しそうだな」というマスコミの予想が出たとします。あなたなら、勝ちそうなA候補、応援してあげないと負けそうなB候補、どちらに投票しますか？

前者のように大勢に従うことを「バンドワゴン効果」もしくは「勝ち馬効果」といいます。強いと予想された陣営に有権者が雪崩のように殺到して、地すべり的勝利（ランドスライド）を収める場合などです。華やかなバンドを奏でた大きな車（ワゴン）にひっきりなしに人が乗りこむ状態にたとえてこう呼ばれます。

逆に、負けそうなB候補に肩入れすることは「判官（ほうがん）びいき」です。判官という位であった源義経に対する思い入れから来た言葉で、弱者や敗者に同情して応援する気持ちを表します。

日本の中選挙区制では、前回の選挙で次点だった候補者が次の選挙で当選する傾向が見られました。これを「次点バネ」といいます。これも「かわいそう、がんばって」という気持ちが裏にあるのでしょう。ただしこれには、落選者は地元活動に時間が割けるという物理的に有利な面もありました。

このように、報道が有権者の投票に影響を及ぼすことを「アナウンスメント効果」といいます。マスコミの投票への影響力の1つです。一般に、マスコミの選挙予測で「勝利間違いなし」と言われることを嫌う候補者が多いのは、「では、当落線上の別の候補にしよう」と、有権者に判断されて票が逃げることを恐れているからです。

の戦いから一転して、党首のイメージが直接勝敗に大きな影響を与えるようになりました。

政治家が競ってテレビ番組に出たがるのは、その影響力を知っているためです。特にマスコミに登場する党首（与党の場合は首相）のイメージが、その政党に投票するかどうか、有権者の投票に大きな影響を及ぼします。[9]

マスコミもまた政策決定過程に深く関わっていますが、必ずしも十分な研究はされていません。

また、インターネットを利用した政治など、かつて存在しなかったツール（道具）も登場しています。インターネット上には真偽取り混ぜさまざまな情報があふれています。ブログやSNS（ソーシャルネットワーク）の発達により、誰でも自由に意見を述べ交換することが容易になりました。ツイッター、フェイスブックによって、直接有権者に向けて発信することは、今や政治家にとって当たり前の行動です。

2013年の参議院議員選挙からは、それまで禁止されていたインターネットを通じた選挙運動も解禁されました。これから研究が期待される分野です。

*9 **政治家のテレビ出演**
ケネディ大統領は、テレビ討論会の力で大統領に当選したとも言われる。1960年の米大統領選挙で初めてのテレビ討論会が行われた。対立候補のニクソンの疲れた顔色に対して、ケネディは日焼け色のメーキャップで若さを強調した。その結果、ラジオを聴いていた人はニクソン、テレビを見ていた人はケネディの勝利と判断したという有名なエピソードがある。

コラム　政治家の言葉Ⅱ　ジョン・F.ケネディ

ケネディは日本人に最も知られたアメリカの大統領でしょう。彼の悲運の死が逆にその人気を永遠のものとしたようにも思われます。娘のキャロライン・ケネディが駐日大使になったことも、さらに親しみを増しました。ケネディの言葉には、著名なものがたくさんあります。

・祖国があなたに何をしてくれるかを尋ねてはいけない。あなたが祖国のために何をできるか考えて欲しい。

・我々の問題は人間によって作られたものだ。それゆえ、人間によって解決できる。人間の理知と精神は、解決不可能と思われることもしばしば解決してきた。これからもまたそうできると私は信じている。

・人類は戦争を終わらせなければならない。でなければ戦争が人類を終わらせるだろう。
（キューバ危機が彼にこう言わせたとされています。）

課題
この章のテーマをさらに深めるために

●閣法が多く議員立法が少ないことは、国民にとって望ましいことなのでしょうか。あなたはどう思いますか。

●日本の対外政策決定を1つとりあげ、アリソン・モデルの3つをそれぞれ使って説明してみましょう。どれがいちばん適合しましたか。

●政治とマスコミはどのように関わっているのでしょう。実際にテレビの番組やインターネット上で起こっていることを題材に考えてみましょう。

第7章 世の中は暗い？明るい？
リアリズムとリベラリズム

授業中寝てばかりの健太にノートなんか見せてやるもんか。
しょせんこの世は食うか食われるか、弱肉強食なんだよ！

いやいや、康介にリアリストは似合わないぞ。この世は持ちつ持た
れつなんだよ。悪いことは言わないからリベラリストになって世
界平和と人類の共存を祈れ。そして僕にノート見せてくれ！

2人とも争いの次元が低すぎっ！
康介のノートなんか見たってテストでいい点とれるわけないでしょ！

人は誰だって、明るい面もあれば暗い面もあり、善人のときも悪人の
ときもあるものです。政治も同じです。
私は政治学というのは人間学だと思っています。その人が政治をどう
理解するかは、人間や社会をどう見ているかに大きく左右されるから
です。では、政治学で世の中を見る見方にはどのようなものがあるで
しょうか？その中心となるのがリアリズムとリベラリズムです。

この章で学ぶこと	● リアリズムと安全保障のジレンマ
	● リベラリズムの多様性
	● 悪を知らない善は弱い

1 リアリズムと安全保障のジレンマ

　人間が何らかの目標を達成するために国家（政府）を形成した、という考え方が社会契約説でした。私たちはなぜ政府をつくり、それに権力を与えたのでしょうか。トマス・ホッブズにとって、人間は自己中心的・利己的な存在であり、放っておけば世の中の自然状態は、「万人の万人に対する闘争」です。したがって人間は生き残るために政府をつくりそれに権力を与えたのでした。

　では眼を現代の国際社会に転じてみましょう。

❗ アナーキーとリアリズム

　国際社会には１つの統一した政府が存在しません。このような状態のことをアナーキー（無秩序）といいます。国内に見られるような、権力分立とかさまざまな社会保障とかは存在しないのです。

　国連（国際連合）があるじゃないか、という人がいるかもしれません。あるいは国際法という法律がある、と主張する人もいるでしょう。

安全保障理事会の改革を、日本を含めた多くの国が提案しています。

　しかし、残念ながら国連は「話し合いの場」であっても、国内社会における警察のような強制力を常時持っているわけではありません。**安全保障理事会の常任理事国（アメリカ、ロシア、イギリス、フランス、中国）のうち１か国でも反対すれば、国連として強制力を用いることは不可能です。**これらの大国の利害と意見が一致することはまれです。おまけに常任理事国はすべて核保有国で武器輸出国でもあります。

　また国際法は国と国が合意しなければ拘束力は生じません。違反しても国内法のような厳密な処罰があるとは限りません。国際司法裁判所は、当事国両方の合意がなければ（争っているすべての国が同意しなければ）そもそも裁判が始められません。

　つまりは、国連と国際法どちらも、アナーキーな状態におけるある国の行動をコントロールする決定的な力に欠けているのです。

　リアリズム（現実主義）は、ホッブズの見る「万人の万人に対する闘争」が国際社会の基本的な状態であると考えます。国家は国際社会で自国の利益（国益）を追求します（私たちが私たち自身の利益になることをまず追求するように）。一番重要な国益は、言うまでもなくその国家の生存です（私たちにとって、まず自分が生きのびることが最も重要であるように）。

　国際社会には国内での政府のような存在はありません。その中で国家は自国の生存、自国を守ること（安全保障）を最優先する、とリアリズムの立

場では考えます。

❗ 安全保障のジレンマ

アナーキーな国際社会で自国の安全保障を最優先に考えればどうなるでしょうか。

A国が自国の安全保障を高めようとして、戦車を100台増強したとします。A国にとって自らを守るために行った当然の行為であっても、隣のB国にとっては自らの安全保障を低下させることになります。

B国は自らを守る当然の方策として、同じように戦車を100台（あるいはそれ以上）増強するでしょう。それを見たA国は自国の安全に脅威を感じて戦闘機を100機増強し、それに対してB国は戦闘機を120機増やして……。あとは無限に軍備拡張競争が続くことになります。これを安全保障のジレンマ（あるいは「ホッブズの恐怖」）といいます。現在、世界には全人類を何回でも殺せるだけの核兵器がありますが、それはこのジレンマによる、とめどない軍拡競争の産物です（コラム「人生はジレンマだらけ」参照）。

第6章で扱ったキューバ危機は、安全保障のジレンマの典型的な例でしょう。キューバへの核ミサイルの配備は、劣勢に立った核のバランスを挽回しようとするソ連にとって「防衛行為」でした。しかしこれがアメリカにとって、喉元に突き付けられた「安全保障の危機」であったことも間違いありません。最近の研究では、キューバ危機はさまざまな偶然によって、辛くも核戦争の危機を避けることができたこともわかっています。

リアリズムの平和への処方箋の代表的なものは、バランス・オブ・パワー（勢力均衡）です。同盟などの手段で国力をバランスさせることによって、国際社会に他を圧倒するような国家が出てくることを防ぎ、戦争を抑制するのです。

つまり、各国間に国力（主として軍事力）のバランスが取れている場合に平和が保障される、と考えられます。国際社会はアナーキーであり、国家は自己保存（安全保障）を最も重視します。力が均衡しているため、どの国もあえて自分から戦いを起こそうとはしないのが平和な状態である、とするのがリアリズムの考え方です。

2　リベラリズム──理想的協調主義

ホッブズは国際社会を「万人の万人に対する闘争」と見ていましたが、これに異論を唱える見方がリベラリズムです。

リベラリズムは、リアリズムとは反対に、国家の最重要課題は安全保障に

限定されているとは限らないと考えます。また、国家はお互いに交流し、人々が知り合い、経済などの依存を深めることで争いの可能性を低くすることができるとします。

❗ 2つのリベラリズム

しかし、リベラリズムという言葉は、しばしば混乱して使われています。「あの人はリベラルだ」と言ったとき、みなさんはどんな人を思い浮かべますか。弱者に対してやさしく、世の中の差別を許さない人。そんなイメージではありませんか。

国家レベルならば福祉の充実した政府、結果としての平等、つまり出自や環境にかかわらず、皆が同じ結果を享受するといったイメージがリアリズムにはつきまといます。

社会規制が多く、所得に対する税金が高くても、きちんと国家が福祉を運営し、老後や病気になったときの心配がないという意味での「大きな政府」が念頭に浮かびます。ヨーロッパではこの考え方は一般に社会民主主義と呼ばれます。デンマークやスウェーデンなど北欧の国が代表的です。

北欧では税負担が7割を超える国もありますが、福祉の完備で「国に貯金する」という感覚なのかも。

一方で、リベラリズムは「リベラル＝自由」ですから、個々人の自由を最大限に尊重するというイメージもあります。機会としての平等は大切にするが、その結果生まれた格差についてはある程度やむをえないものとするという面ももっています。スタートラインは皆一緒ですが、ゴールはそれぞれの能力、努力に応じて異なってくるのです。

そのため、税金をなるべく軽くして、政府の規制をなくし、個人や企業が自由に活動できるようにするといった政策をとる場合もあります。これは先ほどとは逆で、効率的な「小さな政府」です。これもまたリベラリズムですが、前者と区別するために、日本語では新自由主義とかリバタリアン（自由至上主義、自由尊重主義）などと呼んでいます。

❗ リベラリズムの出発点

全く相反するこの2つのリベラリズムですが、もともとの出発点は一緒です。

古典的な意味でのリベラリズムとは、すべての個人に国家や宗教や他者からの自由を保障しようとする考え方です。中世社会では強大な王権や国家の力、あるいは宗教の存在が、個人の選択や職業、はては結婚までを左右していました。それら「強大な力」を排除して自由になろう、というのが出発点なのです。[1]

＊1　**中世における権力**
たとえばモーツァルトのオペラ「フィガロの結婚」は、花嫁に対する「初夜権」を領主から取り戻そうとするのがテーマである。

＊2　**生命と私的所有の自由**
「自然の理性が教えるように、人間は、ひとたび生まれるや生存の権利をもっており、したがって食物飲物その他自然が彼らの存在のために与えるものを受ける権利をもつのだと考えることができる」（ロック『市民政府論』）。

ジョン・スチュアート・ミル
1806〜1873
イギリスの哲学者、経済学者。ロンドンで下院議員も務めたが、婦人参政権を含めた普通選挙を主張するなど当時としてはリベラルすぎたため、次回選挙では落選した。

＊3　ミル『自由論』山岡洋一訳、光文社、2006年

ロックの自然状態は「他人の自由や所有権を侵害してはいけない」というもので、「万人の万人に対する闘争」と考えたホッブズほど厳しいものではありませんでした。

人々が政府を形成するのは、そのほうが確実に生命の自由や自分の持ち物の安全が獲得できるからです。したがって、生命と私的所有の自由は何者にもまして重要です。＊2

さらに、ヨーロッパの宗教戦争の悲惨な経験から、思想・信仰の自由という考え方が生まれてきました。第8章で紹介するウェストファリア条約（1648年）はその結果の1つです。信仰が違っていることによる争いを避け、異なる価値観の共存が模索されたのです。

19世紀イギリスの思想家、ジョン・スチュワート・ミルの『自由論』（1859年）は、このような古典的な自由主義の到達点です。彼は『自由論』の中で、政府・社会・他者が個人へ干渉することが正当化されるのは、他者への危害を防ぐ場合に限られるとしました。

ミルはこう述べています。「人間が個人としてであれ、集団としてであれ、誰かの行動の自由に干渉するのが正当だといえるのは、自衛を目的とする場合だけである。」＊3

そして自由な選択を通じて獲得される能力や個性が、個々にとっての幸

社会主義・共産主義

皆さんはアルバイトをしていますか？　もし、皆さんの働きでお店の売り上げが1万円伸びたとします。アルバイト代がそのまま1万円上がることはあるでしょうか？　答えはノーです。経営者は皆さんに通常のアルバイト代を支払い、店の設備や原料費を支払い、残りはすべて利益として計上します。これが資本主義です。

それに対して社会主義とは、資本主義的な経済活動を否定し、生産手段（たとえば工場）の社会的な所有と計画的生産、平等な分配を行おうとする考え方です。

先の例で言えば、お店が労働者である皆さん自身のものならば、お店の利益はそのまま皆さんの懐に入るはずです。

社会主義的な考え方は19世紀初めからありましたが、『資本論』を書いたカール・マルクス（1818〜1883）によって科学的社会主義として大成されまし

た。そして1917年のロシア革命によってはじめての社会主義国であるソビエト連邦が現実に生まれたのです。

社会主義がさらに発展すれば共産主義になります。生産力（ものを作り出す力）が無限に増大すれば、「能力に応じて働き、必要に応じて取る」——そのような理想の社会を夢みて多くの社会主義国が生まれ、先進資本主義国の中でも社会主義的な考えが大きな力を持ちました。

しかし、社会主義国の現実はごく一部への絶大な権力の集中と経済の停滞、大多数の国民の貧しい暮らしでした。理想を追い求めるあまり、人間の現実を見据えることがなかったからなのでしょう。

1991年にソ連が崩壊し、それに続く東欧社会主義国の消滅、中国の実質的な市場経済化によって、社会主義は（思想としての重要性は別として）かつての勢いを失いました。

福と社会の進歩をもたらすと考えたのです。

「個性を育てていくことによって人間の生活は豊かになり、多様になり、活発になり、高級な思想と崇高な感情を育てる材料が豊富になり、人類がはるかに素晴らしいものになる。」

楽観的なまでの人間に対する肯定（ミルはその厳しさもよく知っていましたが）と言えるでしょう。

！ 社会主義の影響とリベラリズムの課題

一方で19世紀に社会主義が登場すると、リベラリズムもその影響を受けます。

単に、政府・社会・他者の干渉からの消極的自由（「〜からの自由」）でなく、個人の自由を阻むものを国家が除くべきだという積極的自由（「〜への自由」）の議論があらわれてきます。「消極的自由」「積極的自由」の議論は20世紀イギリスの思想家アイザィア・バーリンが提示した概念です。

これによって、初等教育や、衛生的な生活、過酷な労働条件からの脱却、

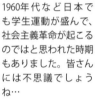

1960年代など日本でも学生運動が盛んで、社会主義革命が起こるのではと思われた時期もありました。皆さんには不思議でしょうね…

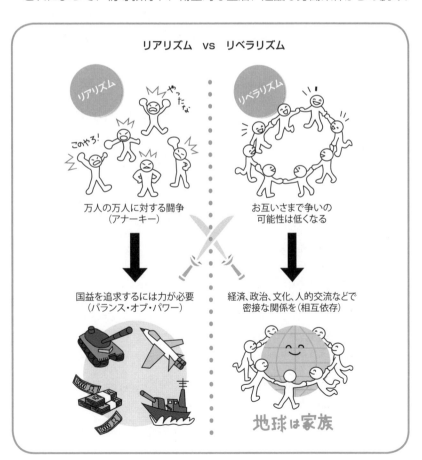

安定した雇用、社会保障の充実といった要求がリベラリズムの中に加わりました。先述の社会民主主義と呼ばれる流れはここから生じます。このようにリベラリズムは多様な概念なのです。

リベラリズムとは、逆説的ですが、自由であるために何らかの制約を前提としています。親がいるから独立しようとするのだし、嫌な相手だから逃れようとするのです。つまり戦う対象となる、何らかの「敵」が必要なのです。

日本の政党でリベラル色を打ち出して2大政党制を志向したのは民主党です。しかし、打倒すべき自由民主党を倒し、2009年に政権を取ったとたんに勢いを失ったのは、ここに原因があると筆者は考えています。「敵」がいなくなると、自分の存在意義もあいまいになってしまったのです。豊かな社会でリベラリズムが陥る罠はそこにあるのかもしれません。

❗ リベラリズム＝理想的協調主義

リベラリズムは協調、平和、進歩などを重要視する理想的協調主義という意味合いで使われます。大切なことは、リベラリズムは人間を利己的にだけ行動するものとはとらえていない点です。国家の間や人びとの間にも共通

人生は火葬場までの待合室

国際政治学の生みの親であるE.H.カーはリアリストに固有の欠陥として、「その思考が何も生まないこと」をあげています（第8章参照）。

政治のリアリズムとはどんなものでしょうか。政治家にとって一番大事なことは選挙で、当選するためだったら何でもするし、権力は絶対腐敗するし、マスコミだって信用できないかもしれない。人間は権力を握るためには手段を選ばないし、いったん権力の座に就いたらそれを手放そうとはしない。世界は万人の万人に対する戦いである……もうたくさんですね。

ところで人生において究極の現実は何でしょうか？　あらゆる学問が絶対に否定できないこと。それは「人間は必ず死ぬ」ということです。ありていに言えば「人生は火葬場までの待合室」です。

人は必ず死ぬ。そのことだけを考えていたら、人生は全然楽しくありません。勉強をしても、お金を稼いでも、恋をしても、最後に待っているのは火葬場です。

ただ、「死」があるからこそ、人生は充実しているのだという見方も可能です。もし人間に死ぬことがなければ、なにをやってものんべんだらり、永遠に時間があるのですから、出会いと別れにも感激はありません。別れがあるからこそ、今一緒にいる時間が貴重に感じられるのです。

政治でも徹底したリアリズムを経たものだけに、本当の光が見えることがあります。教会で暗闇の中にステンドグラスからさっと日が射すと光が鮮やかに見えますね。

現実に立脚しない政治は弱いものですが、リアリズムをしっかりと持った上で、鮮やかな希望をもたらすものがリベラリズムではないかと筆者は考えています。

の利益やルールが存在しており、国内と同じように秩序を形成することによって平和を保てると考えるのがリベラリズムの特徴です。

リアリズムのアナーキーな状態に対する代表的な解決策がバランス・オブ・パワーであるのに対し、リベラリズムは相互依存を大切なものと考えます。相互依存とは、経済、政治、文化、人的交流など多くの分野で国家間に密接な関係があることです。とりわけ経済の分野での国境を越えた関係が深化することによって、国家間の協力が進み、争いが防げるとリベラリストは考えます。

相互依存や国境を越えた地球社会の存在、国際レジーム（国際的な枠組み：国連や自由貿易など）を重視することで、争いは防げるとするのがリベラリズムです。

❗ 悪を知らない善は弱い

皆さんは、自分の生きているこの世の中をどんなふうに見ていますか？周りのすべての人は親切で信頼するに足り、自分は豊かな愛情に囲まれて生きてきたと感じていますか？　それとも、人間は全く信用できない、放っておけば他人は私の人生を無茶苦茶にしてしまうと感じていますか？　この2つは両極端ですから、おそらくほとんどの人はその中間のどこかになることでしょう。

ある人は「現実を見れば、悲惨なことばかりではないか」と言うでしょう。人間は自己中心的な存在であり、放っておけば世の中の自然状態は「万人の万人に対する闘争」です。

ある人類学者によれば「生物学的に見れば人間の愛は4年で終わるのが自然」なのだそうです。それでも皆さんは恋をしますか？

でも別の人は「そうじゃない、人間は捨てたものではない、世の中にはすばらしい人たちがいっぱいいる」、そう主張するかもしれません。人間は話し合うことによって相互理解が可能だし、お互いの関係が深まることによって、争いの可能性は低くなるというわけです。

前者がリアリズム的、後者がリベラリズム的な考え方です。人間の中の善なるものを信じればリベラリズムが優勢になるでしょうし、悪なるものの存在を見ればリアリズムが頭をもたげてくるのです。

リアリズムとリベラリズムは主として国際政治を説明するのに使われる用語です。しかし、人間の中の善を信じるか、悪を見据えるか、というのは政治という極めて人間的な営みを理解する基本だと筆者は思っています。したがってもう少し広い意味でこの言葉を使っています。

大事なことは、皆さん一人ひとりの中にも、この善と悪が両方存在していることです。

あなたが大切な誰かと同じ部屋の中にいると考えてください。そこへ突然、大地震が襲います。さて、あなたはどうしますか。すぐに揺れが収まるなと思えば、その人をかばうかもしれません。でも、一刻の猶予もなく建物が崩壊しそうになったら、大切な人を置いて自分がまず逃げ出すかもしれませんね。それは誰にも断言できないのです。

　そんな究極の状態でなくても、たとえば疲れて電車に座っているときに、目の前にお年寄りが乗ってきたとします。タヌキ寝入りを決め込むか、立ち上がって席を譲るか、迷わずに行動できるでしょうか。他人のためになりたい、でも自分の利益も失いたくない、そう思うことは当然でしょう。まさに「人生はジレンマだらけ」です。

　人間の中には利己的と利他的なものが両方存在しています。リアリズムとリベラリズムはどちらも真実であり、どちらも大事です。「人間の悪をしっかりと見据える」「人間の善なるものを信じる」、その両方の視点が必要なのです。政治学を理解する時もまったく同様です。リアリズムとリベラリズム、その両方を持ち合わせた「複眼思考」が必要です。

　ただし、政治の基本はリアリズムだと考えられます。なぜならば、「悪を知らない善は弱い」からです。人間の暗い面に眼を向ける勇気のない理想は脆いのです（と、自戒の念をこめて断言します）。

　レイモンド・チャンドラーの小説に出てくる私立探偵・フィリップ・マーロウはこうつぶやきます。「タフでなければ生きていけない。やさしくなければ生きている価値がない。」[4]

＊4　原文は If I wasn't hard, I wouldn't be alive. If I couldn't ever be gentle, I wouldn't deserve to be alive.

　利己的であることは生きていく上で必要なときがあります。しかし、人間は利己的なだけでは幸せになれません。他人を幸せにする人が自分も幸せになる、というのも真実です。リアリズムとリベラリズム、その両方を兼ねることの難しさと必要性を感じます。

課題

この章のテーマをさらに深めるために

● 「あの人はリアリストだ」「あの人はリベラリストだ」というとき、どんなイメージで言葉を使っていますか。それは人間のどんな面に光を当てているでしょうか。あなた自身は、自分のことをリアリストだと思いますか。それともリベラリストでしょうか。

● リアリズムとリベラリズムの発展形であるネオ・リアリズム、ネオ・リベラリズムや、マルクス主義、コンストラクティヴィズムとはどんな考えでしょうか。調べてみましょう。

人生はジレンマだらけ

ジレンマとは「相反する 2 つの事柄の板挟みになって進退きわまること」を言います。政治学でよく取り上げられる「囚人のジレンマ」をはじめ、いくつかをご紹介しましょう。

●囚人のジレンマ

A、B の 2 人が重大な犯罪（銀行強盗）の疑いで警察に捕まりました。警察は A、B を軽犯罪（拳銃所持）で起訴することはできますが、銀行強盗については十分な証拠を持っていません。そのため A、B を別々の牢屋に入れて（お互いに連絡が取れないようにして）取引を持ちかけました。

もし 2 人が黙秘したままであれば、2 人とも軽犯罪で懲役 1 年。2 人とも自白すれば共に起訴されて 5 年。もし 1 人が自白して、もう 1 人が自白しなければ、自白したほうは無罪、黙秘したほうは 10 年間刑務所暮らしをしなければなりません。

2 人にとってベストな答えは、共に黙秘をして 1 年の刑務所暮らしをすることでしょう。しかし現実には、お互いがお互いの裏切りを心配して、A、B とも自白する可能性が高いのです。つまり、両方とも懲役 5 年となります。

安全保障のジレンマはこの囚人のジレンマの典型です。両方が軍備縮小すればお互いにとってベストな答えが得られるのに、相手が軍備増大に走り自らが攻められることを恐れて軍備拡張が続く。囚人のジレンマは国際協力の難しさを示すなど、さまざまな示唆にとんだゲームです。

●チキンゲーム

チキンとは「臆病者」のことです。どちらが勇敢であるか 2 人の若者が争いました。その結果、一本道の両端からそれぞれフルスピードでオートバイを運転して、お互いの方向に向かっていきます。

道は一直線、このまま直進すれば正面衝突して両方とも死んでしまいます（最悪の結果）。しかし、自分から先にコースから外れて回避したら、臆病者（チキン）と言われてお互いのグループでリーダーとして面目を失い、回避した方にとっては最悪の次に悪い結果、もう一方にとっては最善の結果となってしまいます。

「回避」を非戦争、「直進」を戦争と考えるならば、これも安全保障のジレンマをよく表しています。

「囚人のジレンマ」「チキンゲーム」は、どちらも戦いを望んでいないのに、戦争が始まってしまう状況を説明しています。数学を使った分析論であるゲーム理論の代表例でもあります。ゲーム理論は、複数のプレーヤーの意思決定を数学的なモデルを使って説明する手法です。経済学において発達した後、国際政治にも導入されて使われています。

これらとは別に政治の世界では、「殺してはいけない」「子どもは救うべき」といった 2 つの道徳原則が相互に対立して、困難な「道徳的ジレンマ」も存在します。

●ソフィーの選択

ナチスによるユダヤ人強制収容所において、ソフィーは 2 人の子どものうち、どちらかを選べばその子どもは助かるが、選ばなければ両方とも助からないと告げられます。彼女はやむなく 1 人を選びますが、後悔に苛まれ、自ら命を絶ってしまいます。

ルワンダの虐殺（第11章参照）で、これと似た選択を迫られた女性の話を聞きました。ツチとフツは通婚が進んでいました。子どもは父親のエスニックとされます。フツの母親は、裏切り者として殺されるか、自分の手で子ども（ツチ）を殺してフツへの忠誠を示すか迫られたそうです。

人間の世は、ジレンマに満ちています。リアリズムを選べば「非人間」と言われるかもしれません。リベラリズムを選べば最悪の場合、自分の命を失います。ジレンマをどう解決するのか。それも政治学を学ぶことによって得られる知恵です。

第 8 章

なぜ戦いは止まないのだろう　国際政治学の誕生

特攻隊をテーマにした映画をみたの。私たちと同じくらいの年齢で、二度と帰れないとわかっていながら「お国のために」出陣するのってどんな気持ちだったろう。戦争は悲惨だよね。

戦争に大義なんかないからね。勝った方が正義になるんだよ。国民の命より国家のほうが大事だったのさ。

過去のことより未来が大切だよ。日本は唯一の被爆国として世界に平和を訴えていく使命があるじゃないか。平和は当たり前のことじゃなくて、ぼくたちが守っていくものだと思うな。

なぜ戦争は起きるのでしょうか。どうしたらそれを防ぐことができるのでしょうか。戦争を起こす主体となる「国家」とは何でしょうか。よい医者は病気のことをよく知っています。「私は健康な状態だけが好きです。だから病気には関心がありません」と言う医者はいません。
私たちも、もし平和な状態（健康）を望むのならば、病気（戦争）について理解しなければなりません。『君主論』を書いたマキャベリも「天国に行きたかったら、地獄への道を熟知することだ」と言っています。

この章で学ぶこと　　● 国家とは何か

　　　　　　　　　　　● 国際政治学の誕生

　　　　　　　　　　　● 戦争はなぜ起こるのか

1　国家の３要素

国際政治学は「国境を越えて、国家、非国家の行為体が織り成す価値の配分を巡る政治事象」を研究する学問です。

国際政治という舞台で活躍する役者のことを**アクター**（行為体）といいます。国際機関、多国籍企業、NGO（非政府行為体）などさまざまなアクターが舞台に登場しますが、最も重要で数の多いアクターは、言うまでもなく**国家**（正確には主権国家）です。国家は戦争[*1]の主体です。したがって近代国家の成長とともに戦争の規模も拡大してきた、という歴史があります。

＊1　**戦争の定義**
戦争とは「少なくとも当事者の一方は国家であり、戦闘が組織的に展開されている暴力」と定義される。つまり、戦争の主体は基本的には国家である。

ポイント

国家（state）とは何でしょうか。
国家には**国民**、**領土**、**主権**という３つの要素が必要です。

「国民」のない国家は考えられません。ありえない想像ですが、ある国の国民がすべて死に絶えた時点で、枠組みとしての国家も同時に終了するでしょう。

「領土」を持っていない共同体は国家とは呼べません。ユダヤ人はイスラエルが建国されるまで国家を持っていませんでした。第１次中東戦争でユダヤ人に敗北し難民となったパレスチナの人たちは、政府とそれに属する人民を持っていますが、領土を持っていません（第10章参照）。ただし、パレスチナはオリンピックには参加できませんが、サッカーのワールドカップには出場しています。国連での地位も微妙です。

最後の「主権」とは自分のことを自分で決められるということです。正確には「**国民に対する排他的かつ全面的な統制権**」、自らの領土の中で国民に対して他の誰にも邪魔されないでさまざまなこと（たとえば法律）を決める権利です。

他国に支配されている植民地は、主権を持った国家とはいえません。自分で自分のことを決めることができないからです。また、この意味で国家を**主権国家**とも言います。

国家の条件として、この他に「他の国家から承認されている」という条件をつける研究者もいます。

では、私たち一人ひとりにとって国家とはどんな意味を持つでしょう。

国民にとっては国家があることで、安全が保障されたり、パスポートが発行されて身元が保証されたりします。

国際社会では「日本人は水と安全はタダだと思っている」と言われるくら

ミニコラム

領土のない日本人とは？

もし日本列島が沈没して、日本人だけが生き残ったとしたら、日本という国家は存在するのだろうか。小松左京『日本沈没』（1973年、現在は小学館文庫）はそんな状況を描いたSFの古典である。刊行当時ベストセラーになり、二度映画化されている。

主権国家　sovereign state

い、私たちはふだん平和についてあまり意識していないかもしれません。しかし、人は国家に属していなければ安全に生きていけない、というのが国際社会の現実です。[2]

最近は日本でもミネラルウォーターを買いますし、防犯意識も高まってきました。しかし、飲むことができる水をトイレに流し、国際的に見て最も治安のよい国の1つである日本は、やはり恵まれた国であることは間違いありません。

また国家は、多くの人が認める限りでは、公私の区別という場合の「公(おおやけ)」の最も大きなものと言ってよいでしょう。国家は自らを守るために軍事力を持つことができる存在です。戦争の主体となったのも国家でした。

最近では地球市民という言い方もあります。そう考えることの価値は認めるものの、現実的にそのような実態があるとは思えません。

*2 **日本人という身分保障**
パスポートの最初のページには「日本国民である本旅券の所持人を通路故障なく旅行させ、かつ、同人に必要な保護扶助を与えられるよう、関係の諸官に要請する」という「日本国外務大臣」のメッセージが記されています。このような国家の保護がなくなったら、私たちは「難民」になってしまうのです。

2 主権国家の成立

主権国家が成立したのは、三十年戦争の結果として結ばれた1648年の**ウェストファリア条約**とされています。

三十年戦争は1618年から48年にかけてドイツを中心に戦われた宗教戦争です。ボヘミア王フェルディナントの新教徒圧迫が原因でデンマーク、スウェーデン、フランスなども参戦し、国土が荒廃し多くの人が殺されました。当時のドイツの30%の人が殺されたとも、戦いの歴史の中で初めて兵士（戦闘員）よりも農民（普通の人々）の犠牲が多かった戦争とも言われます。

このような他国の介入や、宗教を原因とした戦争、極端な殺戮を繰り返さないようにという目的で結ばれたのがウェストファリア条約です。この条約によって、各国王はその領地における排他的な統制権（主権）を認められ、対外的には国家の主権の平等が明らかにされました。ここから主権国家が国際社会の主役となり、お互いの国内の事象に介入しない（**内政不干渉**）、という近代国家間の関係が確立されたとされます。

もちろんウェストファリア条約以降、国際社会がすぐに大変化を遂げたわけではなく、またこれはヨーロッパという一地域の事例に過ぎないという批判もあります。

アジアでは国家の概念が欧米とは異なっている、という主張もあります。

3 「国際政治学」の誕生

国際政治学もまた、悲惨な戦争の結果として、それを二度と繰り返さないようにという痛切な思いから生まれました。

ロシアから撤退するナポレオン
フランスでは革命の影響から愛国心の強い市民が優秀な国民軍を形成したが、ロシア遠征の失敗によりナポレオンは失脚した。

! 第 1 次世界大戦の反省の中で

第 1 次世界大戦（1914〜1918）は1914年 6 月のサラエボでのオーストリア皇太子暗殺事件を契機として、 4 年にわたりヨーロッパを主な戦場として行われました。

近代にいたるまで、戦争では傭兵（給料を払われて戦う兵隊）同士の戦いが主でした。しかし、18世紀末のナポレオン戦争（1792〜1815）では、徴兵制（第12章コラム「志願兵と徴兵制」参照）により国民軍の形成が可能になりました。一般の市民が大量に前線に投入されるようになったのです。

第 1 次世界大戦も徴兵制の兵力増強による「総力戦」であると同時に、戦闘に関係ない多くの市民が巻き込まれ犠牲となりました。

戦車、毒ガス、航空機などの近代的兵器が初めて使用されたため、被害も拡大します。機関銃の登場は、それまでの騎馬と歩兵による突撃という戦闘の概念を一変しました。これらの大量殺りく兵器により、短時間に多くの人の命が奪われるようになったのです。

結局、6300万人もの兵力が動員され、戦病死者も854万人という膨大な数にのぼりました。これらの兵士の（そして犠牲になった市民の）一人ひとりに父がいて母がいて家族があったのです。その悲しみはいかに大きなものだったでしょうか。

第 1 次世界大戦の悲惨な体験の中から、争いをなくしたいという思いで誕生したのが国際政治学です。イギリスの歴史家 E. H. カーは、著書『危機の二十年』（1939年）の中で、「国際政治学」という「新しい学問のはじまり」を次のように述べています。

＊ 3　カー『危機の二十年』井上茂訳、岩波文庫、1996年

「1914年〜18年の戦争は、戦争が職業軍人だけにかかわる事態だとする考え方を捨てさせ、それに並行して国際政治は外交官だけにまかせておけばよいという考えをも消し去った。（中略）それは、国際政治を一般の人びとのものにしようという要請の最初の現れであり、新しい学問が生れる告知であった。」＊ 3

! ユートピアニズムを有するリアリズム

第 1 次大戦後の1920年に、侵略戦争を禁止し、諸国家の利害を調整する場として国際連盟が創設されました。アメリカ大統領ウッドロー・ウィルソンが提唱したもので、国際制度を通して平和を達成しようとする理想主義（第 7 章のリベラリズム）のあらわれでした。

しかし当のアメリカ自身が、上院の反対で国際連盟に加盟しないなど、

トーマス・ウッドロー・ウィルソン
1856〜1924
第28代アメリカ大統領。任期は1913年 3 月〜1921年 3 月。国際連盟の提唱のほか「民族の自決権」を唱えた功績により1919年にノーベル平和賞を受賞した。

＊4　孤立主義
1820年代、ラテンアメリカ諸国独立への西欧列強の介入を拒否するため、当時の大統領モンローは南北アメリカ大陸とヨーロッパ大陸の相互不干渉を提唱した。このモンロー主義はその後もアメリカの基本的な外交姿勢となった。

ウィルソンの理想主義は有効に機能しませんでした。アメリカは、国際連盟を中心とした国際主義よりも、国際問題に介入しないという孤立主義＊4を選択したのです。

　第1次世界大戦に敗れたドイツには**アドルフ・ヒトラー**が現れます。彼は高速道路（アウトバーン）の建設や国民車（フォルクスワーゲン）の登場などの政策によりドイツ経済の復興をはかりました。ヒトラーはわかりやすく単純なキーワードを繰り返す演説で大衆の人気を得て、新しく登場した映画やラジオの活用を通して**主義主張の宣伝（プロパガンダ）**を行います。1933年にはヒトラーに全権を付与する法律が国会を通過しました。

　その後、1939年にドイツのポーランド侵入によって第2次世界大戦が勃発します。ウィルソンの理想主義は機能せず、ヒトラーが再び世界に戦火をもたらしました。カーはこの時代のユートピアニズム（現実から遊離した理想主義）とリアリズムを比較して、「ユートピアンに特有の欠点はその主張の一本調子なところであり、リアリストに固有の欠陥はその思考が何も生まないことである」と喝破しています。

　現実を見据えない理想主義は変化に対応できず、逆に現実に拘泥してい

アドルフ・ヒトラーという男

　アドルフ・ヒトラーは1889年にオーストリアに生まれました。最初は画家を目指しますが、第1次世界大戦に兵士として参加し、ドイツの敗戦後、国家社会主義ドイツ労働者党（ナチス）に入党します。

　第1次世界大戦の講和条約であるベルサイユ条約は、ドイツにとって大変厳しいものでした。ナチスはこの条約に激しく反対してドイツ国民の支持を集めました。ヒトラーは1923年に一揆をおこして失敗し、服役中に『わが闘争（マイン・カンプ）』を著します。

　ナチスは、人類の敵はマルクスと社会主義であり（第7章コラム「社会主義・共産主義」参照）、善の源である優秀なドイツ民族が戦争に敗北したのは悪の源であるユダヤ人という裏切り者が内部にいたためだとしました。

　ヒトラーおよびナチスの主張は、善と悪のはっきりした、わかりやすく、人の感情に訴えるものでした。ナチスはラジオや映画などの新しい技術を用いたプロパガンダを通して、人々の心をつかんでいきました。今日、政治を学ぶ者にとって良きにつけ悪しきにつけ、なぜドイツ国民がヒトラーに傾斜していったのか、そこから学ぶべきことは多いはずです。

　ヒトラーは首相になってから高速道路の建設や国民車の登場などを通して、第1次大戦後のドイツの失業問題を解決し経済を立て直し、実績面でも国民の信頼を得ていきました。

　ヒトラーは巧みに再軍備に成功し、オーストリアなど勢力圏を拡大していきました。第2次世界大戦が勃発してからも、オランダ、ベルギー、フランスへの侵攻など連戦連勝を重ねます。しかしイギリスの抵抗とソ連への攻撃の失敗によってドイツ軍は総崩れとなり、ヒトラーもベルリンの総督官邸で自殺します。

　第2次世界大戦の原因をヒトラー一人に帰するのは極端な見方でしょう。しかし彼抜きに、戦間期（第1次世界大戦から第2次世界大戦までの間）を語ることも不可能です。同時に、第2次大戦後のヨーロッパの政治課題や政治思想もヒトラーとナチスへの反省から生まれたといっても過言ではありません。

るだけでは虚無しか生みません。カーが主張する国際政治学とは、まさしく「ユートピアニズムを有するリアリズム」であったのでしょう。

4 なぜ戦いは止まないのか

第 2 次世界大戦後も、残念ながら戦争はなくなっていません。それどころかむしろより多くの国で、絶え間ない戦火が続いています。そして、日本の平和がこの先もこのまま続くという保証もまたありません。

❗ 貧困と格差が紛争を生む

ノーベル平和賞などを授与しているノーベル財団が作成した「紛争マップ」[6]は、20世紀に入ってから現在まで、世界のどの地域で戦争の火の手が上がったかを時系列であらわしたものです。

*6　**紛争マップ**
http://www.nobelprize.org/の
Comflict Map で検索。

紛争マップを開いてみると、第 2 次世界大戦が終結した後も、常に世界中のどこかで紛争が続いていたことがわかります。この意味では国際政治学は本来の役割を果たしていません。なぜなら悲惨な戦争をやめさせることが国際政治学のもともとの動機なのですから。

なぜ、戦争はなくならないのでしょうか？　さまざまな学問がその答えを模索しています。たとえば、開発経済学の答えの 1 つは「貧困」と「格差」です。

国家にはさまざまな多様性が存在します。さらに国家の内部にもさまざまな集団（民族や宗教や言語など）があります。そうした文化的な違いが経済的格差や社会的差別を伴うことも多く、それが憎しみや衝突を生み出す原因になる可能性も高いのです。貧困そのものに加え、格差が紛争を引き起こします。

貧困より格差が問題になるのは人間の持っている「嫉妬」が原因なのかもしれません。

希少資源をめぐって国家間の戦争となることもあります。最近では、貧しい国に石油などの資源が発見され、それをめぐって大国が介入して悲惨な紛争となることもあります（「資源の呪い」と言われます）。

開発経済学では、紛争の現実的な処方箋として、まずは貧困問題の解決が平和への第 1 歩と考えます（詳しくは第14章）。

❗ 「安全保障のジレンマ」の生み出す軍備拡張

安全保障の立場からは、たとえば「安全保障のジレンマ」（第 7 章参照）の問題があります。

アナーキーな国際社会で自国の安全保障を最優先に考えた A 国が自国の安全保障を高めようとして行った合理的行為（たとえば戦車100台増強）が、

ラジオ放送を行うヒトラー
（1933年2月）
ナチスはメディアの影響力を最大限に利用した。プロパガンダ放送の受信専用に「国民ラジオ」という安価なラジオを開発し、1937年までに7割の世帯に普及させた。

隣のB国にとっては自らの安全保障を低下させることになります。B国は自らを守る当然の方策として兵力を増強し、それを見たA国は自国の安全に脅威を感じてさらに……と、軍備拡張競争が続くことになります。

政治学の見方では、あえて国の内外に敵を作ることもあります。

国家に限らず、集団が凝集力を高めたいときに常套手段として使う方策は、自分たちの集団の内部に仲間はずれを作るか、自分たちの外に共通の敵を作って集団を一致させるかです。リーダーがあえて戦いを利用する、と言ってもよいでしょう（コラム「いじめはなぜ起きる？」参照）。

ヒトラーは「第1次世界大戦にドイツが敗北したのは、我々の中にユダヤ人がいたからだ」と訴えました。善と悪を単純化し、ユダヤ人を悪の源とすることで、敗戦に打ちひしがれるドイツ人の心をつかんだのです。その結果、ヒトラー政権下では約600万人のユダヤ人が虐殺されました。

戦争は避けるべきものです。しかし、戦争は最大の雇用政策ともなります。兵士や軍需産業で働く人はいくらでも必要だからです。また技術開発の場でもあります。インターネットも最初は核戦争を前提としてアメリカで開発された技術でした。また、「戦争特需」といって、景気促進の手段としても有効です。

リーダーがしばしば戦争という手段に訴えたくなるのは、国家間の争いごとを解決する手段としてだけでなく、そのような政治的理由や経済効果

第1次世界大戦

複葉機　　戦車　　毒ガス

850万人の死者

こんな悲劇は繰り返したくない

国際政治学の誕生

そして現代は…さまざまなアクターが登場

まだまだ現役！

主権国家　　NGO　　国際機関　　多国籍企業

があるからなのです。戦争を引き起こさないためには、これも冷静に理解しておかねばなりません。

精神分析学の祖である S. フロイトは「人間の遺伝子の上には『戦う』という要素が載っている」[7] と書いています。「戦う」という遺伝子が私たちの中に自然に存在しているならば、これを取り除くことはできません。だとすれば、どうすればコントロールできるかが最も大事です。

車が存在するかぎり交通事故は起こります。交通事故が起こるからといって、文明社会から車を完全に排除することはできないでしょう。しかし、交通事故の数はコントロールして減らすことができます。きわめて冷たい見方ですが、「戦い」も同じような性格のものかもしれません。

国際社会には国内と違って「1つの政府」は存在しません。したがって主権国家の行動を縛るいかなる強制力もないのが現実です。戦争は起こるものと考えざるをえないのは人間不信に陥りそうな現実ですが、国際政治学は、この事実を見据えて出発しなければなりません。

[7] 『アインシュタインとフロイトの往復書簡』養老孟司解説、花風社、2000年

いじめはなぜ起きる？

あえて内外に敵をつくるのは政治の常套手段です。「悪いのはあいつだ」とか「自分たちがうまくいかないのはあいつのせいだ」などの他罰的な発想で結束を固めます。

ある集団の凝集力を高めたいときに政治が取る手段は2つです。1つは国の外に敵をつくること。「国民の皆さん、私たちがうまくいかないのは、隣の A 国のせいです」と宣伝するのですね。その意味では、国家や集団が喧伝している相手が本当に「敵」なのか、見極める必要があります。

もう1つは国の中に仲間外れをつくること。「裏切り者のあいつがいるから、俺たちは迷惑するんだ」と迫害する対象を決めるのです。本文中ではヒトラーのユダヤ人虐殺を挙げましたが、実は教室において行われるいじめも同じ集団の力学に基づいています。

いじめは決して許されることではありません。そしていじめるのは卑怯な人です。しかしそれでもいじめがなくならないのは、それなりの理由があるからなのです。本当に不愉快な事実ですが、ここでもまず、リアリズムで物事の本質を見極める必要があります。

課題

この章のテーマをさらに深めるために

● 現在の国際社会で、主権国家以外のアクターには何があって、どんな活動をしているか調べてみましょう。

● 第1次世界大戦にはどのような兵器が登場し、戦争の形態をどう変えていったのでしょうか。20世紀初めのこの時期から「映像」が登場します。当時のニュース映画などで新しい戦争の悲惨さを見てみましょう。

● ヒトラーはどのようにして国民の心をつかんだのでしょうか。彼が使ったプロパガンダや宣伝の手段を調べてみましょう。そこに現在の政治につながるものがありませんか？

第9章 冷戦とは何だったのか

国際政治の展開

友だちが彼女とケンカして1週間口きいてないっていうから「冷戦状態だね」って言ったんだ。そしたら「レーセン？それ何語？」だって。びっくりしたなあ。

だって私たち、戦争も冷戦も知らない世代だもん。高校の歴史の授業では現代史なんか教えてくれないし。

歴史を学ぶことはじつは未来について学ぶことなんだよ。「歴史は繰り返す」っていうからね。と言っても僕の歴史の知識はほとんど映画や小説から得たものなんだけどね。

戦争をなくすために生まれた国際政治学ですが、現実は決して望ましいものではありませんでした。
この章では、第2次大戦後から21世紀に至るまでの現代史を概観し、冷戦とは何だったのか、その展開と冷戦の終結がもたらしたものについて学んでいきましょう。

この章で学ぶこと	● 冷戦とは何か
	● 冷戦の展開と代理戦争
	● 冷戦の終結と秩序なき世界の登場

1 冷戦の始まり

ウィンストン・チャーチル
1874〜1965
1940〜45年、1951〜55年イギリス首相を務めた。1953年にはノーベル文学賞を受賞。

ハリー・トルーマン
1884〜1972
第33代アメリカ大統領。任期は1945年4月〜1953年1月。日本への原爆投下を断行した。第43代のブッシュと並び、歴代ワースト支持率の記録保持者。

■北大西洋条約機構(NATO)加盟国
□ワルシャワ条約機構加盟国
——「鉄のカーテン」

鉄のカーテン
1955年当時のヨーロッパ。「鉄のカーテン」は東西陣営の境界線を示す冷戦の象徴であり、「ベルリンの壁」のような物理的な障壁ではない。

　第1次世界大戦の悲惨な戦いを繰り返さないために生まれた国際連盟には、提唱者であるアメリカ自身が参加しませんでした。その後1929年の大恐慌を機に、各国はブロック経済を形成し、自国を中心とした囲い込みを始めるようになります。

　第1次世界大戦に敗戦した屈辱と、多額の賠償金を課せられたドイツに現れたアドルフ・ヒトラーは、瞬く間に全権を掌握します。1939年9月1日、ドイツ軍はポーランドに侵略を開始し、第2次世界大戦の幕が切って落とされました。

　第2次世界大戦の結果、国際政治の構造は大きく変化しました。ソ連(現ロシア)を中心とした社会主義陣営(東側)と、アメリカを中心とした自由主義陣営(西側)の誕生です。

　1946年2月、イギリス首相退任直後のチャーチルはアメリカ合衆国ミズーリ州フルトンで、「バルト海のシュテッティンからアドリア海のトリエステにいたるまで鉄のカーテンが降ろされている」という有名な「鉄のカーテン」演説を行い、ソ連の脅威に対して自由主義諸国の結束を訴えました。

　1947年3月、アメリカ大統領トルーマンは「自由な諸国民を援助することが合衆国の政策でなければならない」と述べて、ソ連・東欧への「封じ込め戦略」を示唆しました。このトルーマン・ドクトリンが冷戦開始の宣言でもありました。

　ヨーロッパが東西両陣営に二分化されていく中で、敗戦国ドイツは当初、米・英・仏・ソによって分割占領されていました。首都ベルリンも4か国によって共同管理されます。

　西側諸国による自由主義的な政策に反対して、1948年6月、ソ連は西ベルリンへの通行を一方的に遮断する「ベルリン封鎖」に出ました。アメリカを中心とする西側諸国は「空の架け橋作戦」と呼ばれた大規模な空輸作戦によって物資を供給しました。

　1949年9月、米・英・仏が占領していた「西側」のドイツはドイツ連邦共和国として独立し、10月にソ連占領地域の「東側」は共産党(社会主義統一党)の支配下にドイツ民主共和国として独立します。ドイツは分断国家として再スタートを切ることになったのです。

　1961年には西ベルリンと東ベルリンの間に「ベルリンの壁」

が築かれました。この壁を越えようとした東側の市民は容赦なく射殺され、ベルリンの壁は長らく東西冷戦の象徴となりました。

　お互いに人類を何度でも殺傷できるほどの核戦力を持った米ソという超大国がにらみ合うことになりました。しかしながら、幸いにも核兵器が使用されて「熱い戦い」になることはなかったので、「冷戦」（Cold War）と呼ばれています。しかし、実際には米ソの代理戦争として朝鮮戦争やベトナム戦争、多くの地域紛争が戦われたのです。

2　朝鮮戦争

ダグラス・マッカーサー
1880～1964
国連軍総司令官として朝鮮戦争を指揮したが、失策も多く、1951年４月にトルーマンから解任された。

警察予備隊令（1950年公布・国立公文書館蔵）
第一條　この政令は、わが国の平和と秩序を維持し、公共の福祉を保障するのに必要な限度内で、国家地方警察及び自治体警察の警察力を補うため警察予備隊を設け、その組織等に関し規定することを目的とする。

　朝鮮半島は1910年から45年まで日本の植民地でした。1945年８月、日本の敗戦直前に突如、ソ連が対日参戦します。ソ連の南下を恐れたアメリカは、朝鮮半島の北緯38度線を境にして南北を分割占領することを提案し、ソ連もこれを受け入れます。南側には李承晩（イ・スンマン）を大統領に1948年８月大韓民国（韓国）が成立し、北半分では金日成（キム・イルソン）をトップに同年９月、朝鮮民主主義人民共和国（北朝鮮）が成立しました。

　1950年６月25日、北朝鮮は武力による朝鮮半島統一を目指し38度線を越えて南進を始めます（この日付をとって韓国では「六・二五事件」と呼ばれます）。ソ連のバックアップを受け最新兵器を装備した北朝鮮軍の前に韓国軍は総崩れとなり、２か月後には南端の釜山近辺に追い詰められます。北朝鮮による半島統一かと思われました。

　しかし９月15日に国連軍が仁川に逆上陸し、戦況は一変します。国連軍とは言いながらアメリカ軍が中心で、ソ連が欠席した安全保障理事会で承認されたものでした。補給線の伸び切っていた北朝鮮軍は背後に回られて敗走し、今度は国連軍が38度線を越えて中国国境の鴨緑江まで進軍します。

　北朝鮮が崩壊すれば、アメリカの影響力が中国国境まで及ぶことになります。これを恐れた中国が10月に参戦します。朝鮮半島の戦いは、ついに米・ソ・中という大国を巻き込むこととなりました。

　一進一退を続けた戦線は、結局38度線付近で膠着状態に陥ります。1951年から始まった休戦会談は1953年７月になってようやく板門店で休戦協定が結ばれました。ただし協定に不満だった韓国は調印していません。韓国と北朝鮮はほぼ38度線を境に分断され、今もにらみ合いを続けています。

　朝鮮戦争は日本の戦後にも大きな影響を与えるものでした。朝鮮戦争の結果必要とされた莫大な物資の発注は、焼け跡の日本経済を復興させるきっかけともなりました。

　アメリカの対日戦略は、当初日本を完全に無力化することでした。しかし

朝鮮戦争を契機に、自由主義の砦として日本を再構築しようという方針に変わってきます。1950年 7 月に警察予備隊が形成され、やがて自衛隊の発足につながります（コラム「政治家の言葉Ⅲ」吉田茂参照）。

　1951年 9 月、日本はサンフランシスコ講和条約を48か国と締結し、国際社会に復帰します。同時に日米安全保障条約（安保条約）も締結されました。日本国憲法 9 条の戦争放棄と、日本の再軍備というジレンマは、実は冷戦の進展がもたらした時間のギャップから生まれたのです。

3　ベトナム戦争

ベトナム戦争のアメリカ兵
アメリカはアジア諸国がドミノ倒しのように次々と共産主義化することを怖れた。この「ドミノ理論」がベトナム戦争参入の大義となった。

　アジアで戦われたもう 1 つの大きな代理戦争が**ベトナム戦争**でした。

　ベトナムは第 2 次世界大戦までフランスの植民地でした。第 2 次世界大戦で当初フランスがドイツに敗れたことにより、ドイツと同盟を結んでいた日本が実質的に支配するようになります。

　戦争が終わって日本軍が引き上げると、**ホー・チ・ミン**の指導で結成されていたベトナム独立同盟会（ベトミン）がベトナム民主共和国の独立を宣言します。旧宗主国であるフランスはこれを認めず、1946年12月ベトミンとフランス軍との戦いが始まりました。ベトミンにはソ連と中国が、フランスにはアメリカがそれぞれ支援します。

　1954年 5 月ディエン・ビエン・フーの戦いでフランスは大敗北を喫し、ベトナムから撤退します。7 月のジュネーブ協定によって、ベトナムは北緯17度で分割されます。北には社会主義国であるベトナム民主共和国（北ベトナム）が、南にはアメリカが支援するベトナム共和国（南ベトナム）が成立します。ここでも分断国家の悲劇が繰り返されます。

ベトナム戦争への介入は「ベスト・アンド・ブライテスト」（最も聡明な人々＝優秀な指導者）を信じていたアメリカの自信を失わせます。

　腐敗した南ベトナム政府は国民の支持を次第に失います。しかし、アメリカは自由社会を守るためという名目でベトナムに介入しました。当初アメリカは南ベトナムに軍事顧問団を送り込み、反政府戦力（南ベトナム解放戦線）に対峙していました。

　1964年 8 月、公海上でアメリカの駆逐艦が北ベトナムの魚雷艇から 2 回にわたり攻撃されたトンキン湾事件によって、アメリカは北ベトナムへの直接攻撃を開始します。トンキン湾事件は、領海（自分の国の領土）の理解がアメリカ、ベトナム両国で異なっていたこともあり、また後になって 2 回目の攻撃は実際にはなかったことが判明しています。

　1965年 2 月、アメリカは北ベトナムに対する直接爆撃（北爆）を開始します。北ベトナムはソ連の供給する兵器や中国の支援でこれに対抗します。ベトナムもまた朝鮮戦争と同じように、米・ソ・中の関与する代理戦争となり

ました。

　ベトナム戦争の泥沼は軍事的にも経済的にもアメリカを疲弊させます。何よりも「無抵抗の農民を殺している」という戦争への疑問により、世界的にも反戦運動が高まり、アメリカの戦意をくじかせました。

　1972年8月、アメリカ軍は南ベトナムから撤退します。ベトナム戦争におけるアメリカの弾薬使用量は第2次世界大戦の約2倍といわれています。それだけの労力と兵士の命を費やしながら、アメリカは「名誉ある撤退」（当時の大統領ニクソンの言葉）をせざるを得ませんでした。

　1975年4月北ベトナム軍の総攻撃により首都サイゴンが陥落し、南ベトナムは消滅します。1976年6月には統一されたベトナム社会主義共和国が誕生します。ベトナムの勝利は社会主義の勝利というよりは、むしろ独立を求めたベトナム人の気持ちをアメリカが理解しなかったことによるものと思えます。

　インドシナの悲劇はこれで終わりませんでした。新しいベトナムからは急激な社会主義政策についていけない人々が「ボート・ピープル」として脱

コラム

東京大空襲

　昭和20年3月10日の東京大空襲では、10万人の一般市民が一夜のうちに焼き殺されました。

　東京大空襲は周到に用意された「作戦」でした。米軍は木と紙でできている日本の家屋を最も効率的に燃え上がらせることのできる新しい焼夷弾を開発し、関東大震災の時に最も火災の被害が大きかった下町を狙いました。ターゲット内の人々が逃げられないように火の柱を築いてから、地域内にじゅうたん爆撃で爆弾を降らせたのです。

　東京大空襲の起案者の一人であるロバート・マクナマラは、後にアメリカの国防長官としてベトナム戦争や核戦略に大きな影響を与えました。彼は晩年、自らの一生を取り上げた映画の中で、東京大空襲や日本への都市攻撃に関してこう語っています。

　「我々は戦争に勝つためとはいえ、10万人の無垢の市民を焼き殺す必要があったのか？　日本の各都市を空襲して多くの市民を死に追いやる必要があったのか？　戦争にもやっていいこととやってはいけないこと、つり合いというものがあるのではないか？」（「フォッグ・オブ・ザ・ウォー」）。

　しかし、当時マクナマラの上司で東京大空襲を指揮したカーチス・ルメイは、「もし戦争に敗れていたら私は戦争犯罪人として裁かれていただろう。幸運なことにわれわれは勝者になった」「戦争は全て道徳に反するものなのだ」と断言しています。彼は撃墜される危険を承知の上でB29爆撃機に低空で飛行することを命じ、爆撃の精度を上げもしました。皮肉なことに第2次大戦後、ルメイは日本の航空自衛隊の創設に寄与したことなどで、日本政府から勲一等旭日大授章を贈られています。

　アメリカの歴史教科書は、広島・長崎への原爆投下によって日本が降伏を決意したこと、そのために、本土決戦によって失われたであろう多くの命が救われたことを挙げ、これを正当化しています。一般的なアメリカ市民の原爆投下に対する理解も同様です。日本人としては何とも言えない気持ちにさせられます。

　戦争にはよい戦争もわるい戦争もない。戦争とはただの殺し合い（just killing）に過ぎない、というのが筆者の考えです。その事実に立ち返ることだけが、次の戦争を防ぐ手立てになるのでないでしょうか。「よい戦争」などないのです。

出するなど、大量の難民を生み出します。中国とベトナムの関係も悪化します。

　近隣のラオス、カンボジアでも社会主義政権が成立します。ポルポトによって支配されたカンボジアでは、単純な原始共産制が志向されました。知識人・都市・通貨を否定し、人口を農村に移住させ、反対する人の命を根こそぎ奪う恐怖政治によって数百万人ともいわれる犠牲者を生みます。中国の大躍進政策や文化大革命（第13章参照）に似た、現実を踏まえない狂気の政策でした。カンボジアは文字通り「キリング・フィールド」と化します。

　カンボジアはベトナムとの対立を深めます。1978年12月、ベトナムはカンボジアに侵攻し、ポルポトを国境に追いやります。一方これを見た中国は1979年2月、ベトナムに対する軍事制裁を行いますが、ベトナムによって大打撃を与えられ撤退します（中越紛争）。ソ連はベトナムを支持します。社会主義国と社会主義国が戦うという事態は、中国とソ連との対立と相まって国際政治を複雑にしていきました。

4　中国と台湾

蒋介石
1887～1975
孫文の後継者として中国国
民党総裁となり、中国統一を
果たして中華民国初代総統
となった。日本とも関わりが
深かったが、のちに抗日へ転
換した。

　中国大陸では、日本の敗戦によってそれまで抗日で手を携えてきた国民党（蒋介石）と共産党（毛沢東）の争いが再燃します。広く人民の支持を得た共産党軍は国民党軍を圧倒し、蒋介石の軍隊は次第に上海に追い詰められます。

　台湾もまた朝鮮半島と同じように、1905年から日本の植民地でした。敗戦後、日本が引き上げた後に蒋介石軍が入って来ることとなりました。当初台湾の人たちは国民党軍を歓迎しますが、しだいにその腐敗した姿を見て反感が高まります。

　当時、台湾では「犬が去って豚が来た」と言われました。「犬（日本）はうるさかったが少なくとも番犬くらいにはなった。豚（国民党）は不潔なだけで何の役にも立たない」という意味です。国民党支配への失望が感じられます。

二・二八事件の記念館
が台北にあります。犠
牲者の中には日本への
留学生もいます。

　その反感が爆発したのが1947年2月の二・二八事件でした。同年2月28日、国民党の横暴な振る舞いに抗議した住民が射殺されます。台湾に元から住んでいた人たち（本省人）の、新たに台湾に来た人たち（外省人）への怒りが燃え上がり、台湾全土で住民暴動が始まりました。大陸から応援に駆け付けた国民党の軍隊により、台湾住民の虐殺が行われ、日本の植民地時代に教育を受けた知識人らが抹殺されました。その犠牲者は3万人にも上ると言われています。この二・二八事件は、台湾では民主化が進んだ最近に

なって、ようやく公に扱われるようになりました。

　1949年10月、中華人民共和国が成立します。12月、共産党軍に敗れた蒋介石自身も台湾に逃げ込んで来ます。こうして中国共産党が支配する中華人民共和国と、国民党の台湾（中華民国）という「2つの中国」が生まれることとなります。

　当初、アメリカは大陸の中華人民共和国が台湾を支配するのは時間の問題と見ていました。実際、中華人民共和国は台湾「解放」の準備を進めていました。

　その状況を一変させたのが朝鮮戦争でした。共産主義の浸透を恐れたアメリカは台湾を援助することに方針転換し、中国の代表として国連の議席を認めます（1971年まで）。

　台湾ではそれ以来、外省人による支配が続きます。台湾の民主化は1980年代後半からの李登輝の時代を待たねばなりませんでした。

5　中ソ対立とニクソン訪中

リチャード・ニクソン
1913～1994
第37代アメリカ大統領。任期は1969年1月～1974年8月。ベトナム戦争からの撤退、中ソとの平和路線を進めた。

　社会主義国として一枚岩のように見えたソ連と中国ですが、社会主義の在り方や対外政策、領土問題をめぐって亀裂が目立つようになります。1969年3月には中ソ国境で衝突が起きました。

　これを見てアメリカは米中対立の緩和と正常化を図ります。ベトナム戦争を早く終結させたいアメリカの思惑もありました。1972年2月、ニクソン米大統領が衝撃的な訪中を果たします。共同発表では、ソ連を念頭に置いた「覇権」という言葉が使われ、米中はソ連の脅威に対する共同の認識を持っていることが示されました。これに先立つ1971年10月には中華人民共和国が国連復帰を果たし、中華民国は国連を脱退します。

6　冷戦の終了

ロナルド・レーガン
1911～2004
第40代アメリカ大統領。任期は1981年1月～89年1月。俳優出身で卓越した話術とユーモアで国民に愛された。

　1981年1月に米大統領に就任したレーガンは、ソ連に対する強硬姿勢を基本戦略としました。ハイテク軍事力によるソ連に対する絶対的な優位を模索し、軍備拡張政策を実行しました。その上でレーガンはソ連に対して軍縮交渉を行いました。

　一方、ソ連でも1985年3月にゴルバチョフが書記長に就任しました。54歳という若い指導者の登場は、ソ連と、世界中の社会主義国（鄧小平が実質的に市場経済に舵を切った中国を除く）の経済的な行き詰まりとそれからの模索を意味していました。

　ゴルバチョフはアフガニスタンからのソ連軍の撤退や中ソ関係の改善に

向けた「新思考外交」と「グラスノスチ」（情報公開）を柱とした、「ペレストロイカ」（立て直し）政策で改革をはかります。科学技術の進歩や経済成長のためには、情報公開とデモクラシーが必要だとする画期的な政策（あるいは劇薬）でした。

1986年４月、ウクライナのチェルノブイリ原子力発電所で大規模な爆発事故が起きました。この事故を世界で最初に感知して報告したのはスウェーデンであり、ソ連がようやく認めたのは事故の２日後でした。この対応の遅れからソ連は国際的な非難を浴びます。ゴルバチョフはこの事故で情報公開と核の危険性を再認識したと思われます。

1986年10月、アイスランドのレイキャビクでゴルバチョフとレーガンが会談を行い、米ソの核軍縮が進みます。1987年12月、ワシントンでの米ソ首脳会談でINF（中距離核戦力）全廃条約が調印され、歴史上初めて核の削減が実現することとなりました。

米ソの核軍縮
1987年、INF全廃条約に署名するゴルバチョフ書記長（左）とレーガン大統領。ゴルバチョフは1990年にノーベル平和賞を受賞した。

ゴルバチョフの大胆な改革は社会主義国に急速な変化をもたらします。ポーランド、ハンガリーなど東欧諸国は次々とソ連の軍事力のくびきから解き放たれました。ルーマニアのように、それまで圧政を続けてきた指導者の処刑にいたった国もあります。社会主義圏政権は次々と崩壊し、複数政党制が導入されます。冷戦の象徴であった「ベルリンの壁」も1989年11月ついに解放され、翌1990年10月には統一ドイツが誕生します。

1989年12月マルタ島での米ソ首脳会談でゴルバチョフ、ブッシュ（父）両首脳は揃って冷戦の終結を宣言しました。1991年８月にはソ連という国家自体が消滅し、ロシア共和国をはじめとする15の共和国が誕生します。

7　冷戦後の世界──新しい秩序を求めて

❗ 湾岸戦争

人類を何度も殺せる核兵器を持った超大国が対峙した冷戦が終結し、これで世界平和が実現される……冷戦が終了したとき、多くの人がそう考えました。しかし、それが甘い考えであることが実感されるまで時間はかかりませんでした。

1990年８月、イラクのサダム・フセイン大統領がクウェートに侵攻しました。豊富な石油資源をめぐる争いが原因でした。

冷戦中はアメリカとソ連が東西陣営に分かれてにらみ合い、代理戦争を行いました。多くの国が東西のどちらかに属しており、逆に言えば米ソによ

イラク制裁
2003年12月、米軍により逮捕されるサダム・フセイン（下）。この3年後に死刑となった。

る援助や締めつけも効いていました。善悪は別にして、そこには一定の秩序があったのです。

　冷戦という秩序が崩壊し、まだ次の秩序が構築されない無秩序＝「空白」を狙って、サダム・フセインは行動を起こしました。そこには、仮にクウェートに侵攻しても、アメリカは武力行使をしないだろう、という読みがあったものと思われます。

　しかし、1991年1月、アメリカ主導の多国籍軍によるイラク制裁が開始されます。先端技術によるハイテク兵器による戦争は一方的な結果となり、2月にはイラク軍は無条件でクウェートから撤退します。

　さらに、2003年3月、米英を中心とした軍隊がイラクを攻撃し、4月には首都バグダットが陥落します。サダム・フセインは2003年に拘束され、2006年に処刑されました。

❗ 同時多発テロ

同時多発テロ
航空機が突入して炎上する貿易センタービル

ジョージ・ブッシュ
1946～
第43代アメリカ大統領。任期は2001年1月～09年1月。第41代ジョージ・ブッシュ大統領の長男。イラク・イラン・北朝鮮をテロ国家として「悪の枢軸」と呼んだ。

　2001年9月11日、ニューヨークの貿易センタービルに、ハイジャックされた2機の旅客機が突入します。アメリカ経済の象徴でもあったビルは、多数の人命とともに崩壊しました。同時に米国防省（ペンタゴン）にもハイジャックされた旅客機が突っ込みます（他1機は途中で墜落）。アメリカは大混乱に陥り、航空機突入や貿易センタービル崩壊をテレビで目の当たりにした世界中の人々もショックを受けました。

　ブッシュ政権はイスラム原理主義テログループのアル・カイーダによる自爆テロと断定し、その首謀者オサマ・ビン・ラディンの逮捕とアル・カイーダの撃滅を決断します。

　2001年10月、アメリカとイギリスを中心とする多国籍軍が、アル・カイーダをかくまっていたとされるアフガニスタンのタリバン政権を攻撃、これを撃滅します。ビン・ラディンはアメリカ軍の特殊部隊によって2011年5月にパキスタン国内で殺害されます。

　この同時多発テロでは、世界の最強国家であるアメリカが、相手が特定できない（主権国家ではない）・戦闘の行われる地域や手段が無差別である（民間航空機をハイジャックすることにより世界貿易センタービルを攻撃する）という衝撃的な戦いに直面しました。冷戦時代には考えられなかった「新しい戦い」の始まりでした。

❗ 金融のグローバル化とリーマン・ショック

今日、ICT（情報通信技術）の進展で、世界は網の目のように結ばれています。1990年代に始まったインターネットの普及は、コミュニケーションの手段にとどまらず、社会全体を変えようとしています。

その中でも、最も大きな影響を受けたのが経済や金融の世界でした。一国を単位とした経済学は現実に即さないものとなりました。一国だけで成り立つ経済など、世界中のどこにも存在しないからです。ニューヨークで起きたことが、時間の差を全くおかずに、東京に、上海に、そしてヨーロッパに波及する（もちろんその逆も）世界となりました。

それは素晴らしいことであると同時に危険な刃でもあります。

2008年9月、米大手証券会社リーマン・ブラザーズが倒産しました。負債総額が60兆円を超えるアメリカ史上最大の倒産で、世界中をリーマン・ショックが襲いました。その原因となったのは、新しい金融技術の粋を集めて作られたサブプライム・ローンでした。

サブプライム・ローンはアメリカで低所得者向けに広がった住宅融資で、貸し倒れリスクのある人にもパッケージにして分散すれば売ることができ、リスクも分散されるので安全という触れ込みの金融商品でした。21世紀になると瞬く間に広まり、ピークの2007年には1兆3000億ドル（約130兆円）にも膨らんだといわれます。しかし住宅価格が下げに転じると焦げ付きが急増し、巨額の損失を生んだのです。

冷戦体制が終われば世界平和がもたらされるという考えは、単純な希望論だったのでしょうか。「平和の反対は無秩序である」という言葉があります。現在の世界は、冷戦というある種の秩序が失われただけでなく、政治的にも経済的にもアメリカ一極支配の力が失われ、ある種の「無秩序」、「秩序を求めている時代」にあるように思われます。

筆者の世代は「戦後」とは第2次世界大戦後を指します。若い世代には湾岸戦争だったりするのにびっくりすることも。

8 　国家に頼れる時代はいつまで続くのか？

主権国家を中心とした国際社会の体制が溶解しているという議論もあります。21世紀の世界を見てみると、もちろん国際政治の舞台に登場するのは主権国家ばかりではありません。

世界経済におけるグローバル化によって、多国籍企業は世界を舞台に最も都合のよい地点で生産し、それを世界中に販売します。規模としても、一国の国民総生産額よりも大きな売上高を持つ豊かな企業も存在します。

また、現実の貿易量をはるかに越えるお金が、一瞬のうちにインターネッ

ト上で国境を越えて動きます。1997年のタイバーツ暴落に始まるアジア経済危機は、グローバルなマネーの流れが原因だといわれています。リーマン・ショックもまさしくそのような状況下で発生し、金融システムを大きく揺らしました。

　一方では、欧州連合（EU）のように、国民国家の一部分（関税、通貨など）の統合も進んでいます。国連や世界貿易機構（WTO）のような国際機関による国際社会の枠組みづくりも活発です。環境問題など、グローバル・イシュー（地球規模の課題）と呼ばれる問題は、少数の主権国家主導では解決できないものとなってきました。そこではさまざまなNGOの活躍が期待されています。

　このように国家以外にも大きな役割を果たすアクターが登場し、主権国家中心のシステムが再検討を迫られているのは事実です。しかし依然として、最も重要で数の多いアクターは主権国家であり、私たちはいずれかの国家に属していなければ生きていけないというのも国際社会での現実です。控えめに言っても、国家は国際社会における最も重要なアクターであるという点には変わりがないものと思われます。

　ここから示唆されるのは、国際政治を分析するときに、国家中心のレベルだけではなく、個人、国家、国際システムという3つのレベル（分析の3つのレベル）で理解することが必要だということではないでしょうか。

　これはアメリカの国際政治学者ケネス・ウォルツが述べたことです。大統領や首相などのリーダーが適切に行動したため紛争が回避された（個人のレベル）、デモクラシーの国同士は戦争をしないことが多い（国家のレベル）、国連が有効に機能して戦争を未然に防いだ（国際システムのレベル）という、複数のレベル、複数の見方をすることがますます重要になってきています。

課題

この章のテーマを
さらに深めるために

● 朝鮮戦争とベトナム戦争は日本にも大きな影響を及ぼしました。どのような事件や反対運動があったのか調べてみましょう。

● 「2つの中国」をめぐり、どのような国際政治上の問題が起きているか、それに対する各国の反応について例をあげてみましょう。

● 冷戦時代と冷戦後の世界で何が違ってきたのか議論してみましょう。

政治家の言葉Ⅲ　戦争に向き合った政治家たち

この章では、第２次大戦後の世界を動かした何人もの政治家が登場しました。厳しい現実に向き合いながら、国を動かしてきた彼らの言葉には、政治と人生の本質を感じさせるものが多くあります。

ウィンストン・チャーチル

・悲観主義者はすべての好機の中に困難を見つけるが、楽観主義者はすべての困難の中に好機を見つける。

ハリー・トルーマン

・私たちが目指すものは、私たちの時代が平和になることではない。私たちの後の世代が平和になることだ。

ダグラス・マッカーサー

（1951年４月、連合国軍最高司令官退任にあたって、ワシントンDCの連邦議会での演説）

・戦後、日本国民は、近代史に記録された中では、最も大きな改革を体験してきました。見事な意志と熱心な学習意欲、そして驚くべき理解力によって、日本人は、戦後の焼け跡の中から立ち上がって、個人の自由と人間の尊厳の優位性に献身する殿堂を日本に打ち立てました。そして、その後の過程で、政治道徳、経済活動の自由、社会正義の推進を誓う、真に国民を代表する政府が作られました。

今や日本は、政治的にも、経済的にも、そして社会的にも、地球上の多くの自由な国々と肩を並べています。世界の信頼を裏切るようなことは二度とないでしょう。最近の戦争、社会不安、混乱などに取り巻かれながらも、これに対処し、前進する歩みをほんの少しも緩めることなく、共産主義を国内で食い止めた際の見事な態度は、日本がアジアの趨勢に非常に有益な影響を及ぼすことが期待できることを立証しています。（中略）

日本ほど穏やかで秩序正しく、勤勉な国を知りません。また、人類の進歩に対して将来、積極的に貢献することがこれほど大きく期待できる国もほかに知りません。

吉田茂　1878〜1967

（1946年から1954年まで、下野した１年半を除き内閣

総理大臣を務め、戦後復興の礎を築いた。戦争放棄を謳った日本国憲法と、日米安全保障条約、日本の平和と再軍備の両方に関わった総理大臣。麻生太郎の祖父。下の言葉は1957（昭和32）年、防衛大学校第１回卒業式の訓示）

・君達は自衛隊在職中、決して国民から感謝されたり、歓迎されることなく自衛隊を終わるかもしれない。きっと非難とか叱咤ばかりの一生かもしれない。御苦労だと思う。

しかし、自衛隊が国民から歓迎され、ちやほやされる事態とは、外国から攻撃されて国家存亡の時とか、災害派遣の時とか、国民が困窮し国家が混乱に直面している時だけなのだ。

言葉を換えれば、君達が日陰者である時のほうが、国民や日本は幸せなのだ。

どうか、耐えてもらいたい。

リチャード・ニクソン

・人間は、負けたら終わりなのではない。あきらめたら終わりなのだ。

ジョージ・ブッシュ（子）

（2006年アイオワ州での演説）

・そう、2000年の大統領選でここへ来たとき、わたしは戦争大統領になりたいと言った。戦争大統領になりたがる大統領なんて、わたし以外に誰もいない。

ミハイル・ゴルバチョフ

・「私は何でも妻（ライサ夫人）に相談します。」

（「あなたは国家機密でも夫人に話すのか？」と記者団から再度質問されて）

「私は先ほど答えを申し上げたはずです。同じことは二度申しません。」

ロナルド・レーガン

（ユーモアで愛された大統領らしいエピソード）

・私には９つの才能がある。だから大統領になれたのだ。まずひとつめ。「一度聞いたことは忘れない。卓越した記憶力。」

つぎにふたつめ。…えーっと…何だったかな。

第10章 日本人は無宗教？

パレスチナ・宗教と国際政治

バイト先で友達になった留学生をうまいラーメン屋に誘ったんだ。そしたら彼はムスリムだから豚こつは食べちゃだめなんだって。宗教って不便だよな。僕は無宗教でよかったよ。

そういう発想は日本人特有のもので、グローバル時代には通用しないよ。これからはダイバーシティ（多様性）が大事で、みんな違っていることがあたりまえだと思わないと。

あっ、2人で内緒話してる！
こっそりお台場に遊びに行こうとしてるでしょ。
私をのけ者にしたら神さまのバチがあたるんだからね！

「あなたは宗教を持っていますか？」と聞かれたら、皆さんなら何と答えますか。「私は無宗教です」と答える人が大多数かもしれませんね。日本人にとっては宗教を持っているということは、何か怪しげで偏ったイメージを与えるのかもしれません。でも、日本以外の国ではそれが逆に不思議がられることがあります。少なくとも、宗教を理解しなければ、世界を理解することができません。

この章で学ぶこと　　● 一神教と多神教

● ユダヤ人とはどういう人々か

● パレスチナ問題とは何か

100

1 宗教とは何だろう

❗ 無宗教者は危険人物？

筆者はマレーシアに学生を30人ほど連れて行き1か月生活したことがあります。現地の大学の寮に入ったのですが、マレーシア国民の過半を占めるマレー人はほとんどがイスラム教徒（ムスリム）です。1日5回のお祈りを欠かさず、豚やアルコールなど禁じられているものは決して口にしない。その姿は一緒に生活している日本人の学生にとっては驚きです。

日本人の学生が大胆にもマレー人の学生に「あなたたち宗教なんて信じているの？」と聞いたのに対して、マレー人の学生が「神様を信じなくてどうやって生きていくの？」とにこやかに切り返したのが印象的でした。

信仰する宗教がない、ということは「神を信じていない＝信じているのは人間だけ」という意味になります。人間しか信じていない人ならば、「他人が見ていないところでは何をするかわからない」と思われてしまうのです。**無宗教イコール危険な人物**というレッテルが貼られることになります。

世界人口のうち、これから取り上げるキリスト教・イスラム・ユダヤ教などの「一神教」を信じている人は約55％。それに対して無神論者はわずか2％です。どちらが多数派か、言うまでもありません。日本人は「無神論者」ではないのですが、「無宗教」との違いは微妙ですね。

❗ 一神教か多神教か

日本人は、本当は宗教心がとても豊かだと思います。道端の小さなお地蔵さんやお不動さんにも手を合わせる気持ちを持っています。ただそのあり方は、イスラムやキリスト教とは違っています。それは「一神教」（特定の1つの神のみを排他的に崇拝する信仰）か「多神教」（複数の神々を同時並行的に崇拝する信仰）か、という違いです。

子どもが生まれれば神社にお参りし、結婚式はキリスト教の教会で、お葬式はお寺で済ませることは、多くの日本人にとって何も不思議ではありません。日本人にとっては「八百万（やおよろず）」の神なのです。しかし一神教の立場からは、これらは唯一の神に対するとんでもない冒涜（ぼうとく）行為になります。なぜなら「神は1つ」であるからです。

宗教がどこから発生したのかはっきりした定説はありません。人間は他の動物と違って、将来のこと、未来のことを予想できる生き物です。人間は

スタジオ・ジブリのアニメ映画「千と千尋の神隠し」（2001年）ではたくさんの神様がお風呂に入りにやってきます。まさしく多神教の世界ですね。

必ず死にます。したがって、「死んだらどうなるのだろう？」という思いは人間の存在と共にあったものと考えられ、そこから死後の世界や肉体の復活を説く宗教が生まれたと思われます。「死んでも命がありますように」という人間の欲望が宗教を生んだのではないでしょうか。

！ 世界の三大宗教

 **ポイント**　紀元前5世紀ごろに始まった**仏教**、紀元1世紀ごろ生まれた**キリスト教**、7世紀はじめに成立した**イスラム**を**世界の三大宗教**といいます。

　三大宗教の他にも、ユダヤ教、儒教など、世界中の人たちがさまざまな宗教を信じています。ヒンドゥー教のように、信者の数は多いもののほとんどインドに集中している「地域宗教」もあります。
　これらの宗教のうち、キリスト教、イスラム、ユダヤ教は、西アジアの地中海沿岸地域、現在のパレスチナの地で生まれました。正確に言えば、ユダヤ教からキリスト教とイスラムが別れて成立しました。この3つの宗教は、

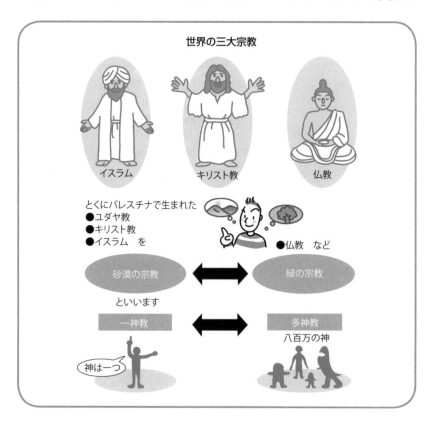

世界の三大宗教

成立的にはユダヤ教を兄とした兄弟だということができます。キリスト教、イスラム、ユダヤ教の3つを、この地が砂漠の土地であることから、「砂漠の宗教」とも呼びます。

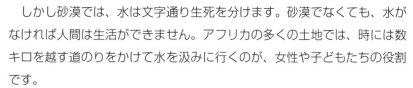

❗ 「砂漠の宗教」と「緑の宗教」

これに対して仏教や日本の神道は「緑の宗教」といわれます。水や自然が豊かな環境で育まれた宗教には、「砂漠の宗教」のような厳しさがありません。

日本語には「水に流して」という表現があります。笑い話のようですが、砂漠には流す水がありません。筆者は「湯水のように使う」（＝無駄使いする）という日本語を、サウジアラビアからの留学生が「水のように大切なものとして大事に扱う」と理解していたことを聞き、感心した憶えがあります。飲める水をトイレに流すことに抵抗のない日本人には、それほどまでに水を貴重だと考える習慣はありません。

しかし砂漠では、水は文字通り生死を分けます。砂漠でなくても、水がなければ人間は生活ができません。アフリカの多くの土地では、時には数キロを越す道のりをかけて水を汲みに行くのが、女性や子どもたちの役割です。

他にも、日本人がよく使う「捨てる神あれば拾う神あり」という諺は、あきらかに多神教の世界ならではの言い回しです。

この章では国際政治における宗教とパレスチナ問題を理解するために、まずキリスト教とイスラムの源流であるユダヤの歴史から追っていきましょう。

水を汲みに行くアフリカの子ども
水汲みの仕事は学校より優先する場合も多く、水場が遠いと学校に通えない子どももいる。

2　土地をもたない民族ユダヤ

ユダヤ人はパレスチナの地に紀元前から居住していました。それが1947年のイスラエル建国までの歴史では、国を持たない「流浪の民」となってしまいます。

現在、ユダヤ人の定義はさまざまですが、イスラエル政府によれば、①母親がユダヤ人であり、かつ②ユダヤ教徒である、というものです。全世界で約1400万人いると推定されています。そのうち450万人がイスラエルに、600万人がアメリカ合衆国に居住しています。

世界の人口に占めるユダヤ人の割合は1％にも満たないのですが、ノーベル賞受賞者の実に20%以上がユダヤ人と言われています。自分がユダヤ人であることを公にしない人もいるため、正確な数を掴むのは難しいのです。

イスラエルの首都エルサレムにある嘆きの壁
ソロモン王が建てた神殿の名残である岩壁に参拝して祖国の再建を祈るユダヤ人。壁の向こう側はイスラム居住地になっている。

金融界の巨人ロスチャイルド、物理学者のアインシュタイン、社会科学者のマルクス、精神分析医のフロイト、映画監督のスピルバーグ、その他キラ星のような人材がならんでいます。また、アメリカ大統領選挙などでの選挙資金協力や集票力、マスコミでの影響力も非常に大きいとされています。議会に対するユダヤロビーの力も絶大です。

❗ 迫害と差別の歴史

旧約聖書によれば、ヘブライ人アブラハムがメソポタミア地方からカナン（パレスチナの古称）に移住したのがユダヤ人の起源だとされています。

アブラハム（イスラムではイブラーヒム）は紀元前19〜17世紀ごろの人とされ、その息子イサクの子孫はイスラエルの民となり、ユダヤ教、キリスト教がそこから生まれます。アブラハムのもう1人の息子イシュマエル（イスラムではイスマーイール）はアラビア半島に渡りアラブ人の祖先となったとされます。ここからイスラムにつながるわけです。

ユダヤ教の聖典はキリスト教徒にとっての『旧約聖書』で、同じものをイスラムでは唯一神アッラーが啓示した啓典の一部とみなしています。ただしイスラム教徒にとって最大の聖典は『コーラン』です。

ユダヤ教・キリスト教・イスラムが同じところから流れ出していることがわかるでしょう。ユダヤ教徒もキリスト教徒もイスラム教徒も、信じる神は

政教分離と世俗主義

政治と宗教を別なものとして扱おう、という考え方を政教分離といいます。具体的には国家（政府）の教会（宗教団体）からの分離を意味します。脱宗教的な傾向を意味する、世俗主義（セキュラリズム：secularism）と同じように使われることが多い言葉です。

政教分離は、キリスト教の世界で17、18世紀ごろから、近代的な科学の普及や市民革命・産業化といった近代化の進展に伴って進行しました。フランス革命後に、教育の指導権をめぐる国家と教会との争いから始まり、宗教色の排除を定めた1905年の政教分離法が最も代表的な例です。

実際には、国家が特定の宗教を優遇しないという場合から、政治や教育の場から一切の宗教活動を排除するという立場まで、国によってさまざまなタイプがあります。一方で、フランスやスペインなどで公立学校の授業中にはイスラム女性のかぶるヴェールを認めないなど、生活習慣と宗教間の複雑な問題も起きています。

日本では戦前の国家神道のあり方に対する反省から、憲法第20条で政教分離が謳われています（「いかなる宗教団体も、国から特権を受け、又は政治上の権力を行使してはならない」）。

イスラムは政教一元論に立脚していますが、19世紀以降、特にトルコなどで政教分離および世俗主義が思想として普及しました。グローバル化が進展する現代では、西欧型の政教分離をモデルとする世俗主義の国家に対して、逆にグローバル化を否定し伝統的な宗教の原理に戻ろうとする動きも見られます。

一緒です。イスラムのアッラーとは、アラビア語で神（英語のゴッド）のことです。

その後ユダヤ人は、イスラエル王国（紀元前1000年頃）、バビロン捕囚（紀元前587年）を経て自らの国を失い、世界中に分散することとなります。これをディアスポラ（ユダヤ人の地理的分散）といいます。

『新約聖書』の記述によればユダヤ人はイエス・キリストを殺した張本人とされています。聖書にはイエス・キリストの十字架の責任をだれが負うのか、と問うローマ総督ピラトに、「われわれの血で」とユダヤ人が答える場面が出てきます（マタイによる福音書27：23）。

また、金融業などキリスト教徒が忌み嫌う職業に従事していたことから、移住したヨーロッパ各国でも差別[*1]と迫害を受けます。その悲劇的結末が、600万人のユダヤ人が虐殺されたというナチスドイツによるホロコースト（ユダヤ人虐殺）です。

❗ パレスチナ問題はなぜ起きたのか──イギリスの3枚舌

パレスチナ問題を複雑にしたのは、イギリスの外交でした。

第1次世界大戦が始まった後、1915年7月から1916年3月にかけてイギリスは、当時オスマン帝国の支配下にあったアラブ人を味方につけるために、フサイン・マクマホン書簡を交わしました。

アラブの有力者フサイン・イブン・アリーとイギリスのエジプト高等弁務官ヘンリー・マクマホンの間で交わされたのでこの名前があります。イギリスはオスマン帝国打倒のため、アラブの独立を約束したのです。この約束を信じて、アラブ人はオスマン帝国に対して蜂起します。

同時にイギリスは、1917年11月にアーサー・バルフォア外務大臣が、財政的協力を仰ぐためユダヤ人国家建国を支持することを約束しました（バルフォア宣言）。「イギリス政府はパレスチナにユダヤ人のナショナル・ホームを設立することを支持する」という内容でした。これ以降、多くのユダヤ人がパレスチナを目指します。

しかし実際には1916年5月にイギリスはサイクス・ピコ協定を結び、仏露と中東分割の密約を交わしていました。イギリス代表サイクスとフランス代表ピコが原案を作成した後、ロシア代表を交えて結ばれた協定です。この直後にロシア革命が起こって帝政ロシアは崩壊し、この密約が暴露されることになります。

サイクス・ピコ協定は先のフサイン・マクマホン書簡、バルフォア宣言と明らかに矛盾する取り決めでした。しかし現実にはサイクス・ピコ協定にし

＊1　ユダヤ人差別
シェークスピアの小説『ベニスの商人』には強欲なユダヤ人の金貸しシャイロックが登場するが、これも今日では宗教的偏見に基づくものとされている。

アラブとの連携のため働いたイギリスの諜報部員が、映画などで有名な「アラビアのロレンス」です。

たがって、第1次世界大戦後にイギリスとフランスによる中東の分割が進められました。イギリスの三枚舌外交がパレスチナ問題の発端となったのです。

！ イスラエルの建国

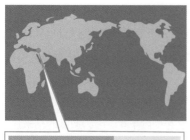

パレスチナ自治区

エルサレム中心地

　第2次世界大戦が終わり、ユダヤ人虐殺の実態が明らかになるにつれ、国際世論はユダヤ人に同情的になります。

　「古代イスラエルの土地にユダヤ人国家を築こう」「エルサレムに帰って自分たちの国を作ろう」というユダヤ人の運動をシオニズムといいます。シオニズムが最高潮に達し、多くのユダヤ人が「父祖の地」パレスチナへと向かいました。しかし現実にはそこにはアラブ人が住んでいました。2つの民族は衝突を繰り返すようになります。

　しかし、2回にわたる世界大戦で疲弊したイギリスには、もはや混乱したパレスチナを統治する力は残っていませんでした。イギリスはパレスチナを国連に任せ、1947年11月、国連総会でパレスチナ分割が決議されました。この分割案に基づいてイスラエルが建国されました。

　国連のパレスチナ分割案はパレスチナの56%の地域にユダヤ人国家を、43%の地域にアラブ国家を建設しようとする、ユダヤ人にとって有利なものでした。パレスチナ分割決議が行われた直後に、イスラエルの建国を不服としたアラブ諸国との中東戦争が勃発しました。

　新興国家イスラエルは風前の灯かと思われたのですが、最新の兵器と援助（第2次世界大戦直後だったため大量の兵器がイスラエルにつぎ込まれました）によりアラブ側を圧倒します。この戦争に勝利したイスラエルは、国連分割決議案で割り当てられた地域以上の地域を占領することになったのです。

　その後も、1956年、67年、73年の4次に渡って中東戦争が戦われました。度重なる中東戦争と紛争により、パレスチナにもともと住んでいたアラブ人たちは戦火を逃れるため移住を余儀なくされました。大量のパレスチナ難民が発生したのです。

　パレスチナの人びとは、もともと自分たちが住んでいた土地を追われ、その大部分はイスラエルの占領地に住んでいます。難民キャンプで生まれ、難民キャンプで育った子どもたちもいます。

テロ行為を働くゲリラも生まれてきました。

　1964年にはPLO（パレスチナ解放機構）が設立されます。PLOは武力によるイスラエルの壊滅とパレスチナの解放を唱えていましたが、1970年代に路線を転換して話し合いに応ずるようになります。

　1978年にはアラブの雄であるエジプトのサダト大統領とイスラエルのベギン首相とが会談し、相互に国家として承認し、イスラエルは占領していたシナイ半島を返還します。

　1995年にはノルウェーの仲介でPLOのアラファト議長とイスラエルのラビン首相がパレスチナ自治区を認めるオスロ合意が結ばれます。しかし、サダト大統領もラビン首相も和平交渉を理由に仲間内から暗殺されます。

　2012年には国連総会がパレスチナにオブザーバー国家の地位を付与しました。イスラエルはアメリカのサポートもあり、強硬な姿勢を崩そうとはしていません。中東和平は遅々として進んでいないのが現実です。

❗ 聖地エルサレムをめぐる問題

岩のドーム
イスラムの聖地

聖墳墓教会
キリスト教の聖地

　エルサレムは、砂漠の宗教（ユダヤ教、キリスト教、イスラム）いずれにとっても聖地です。

　ユダヤ教徒にとっては、ローマ軍に破壊されたエルサレム神殿唯一の遺構である聖地「嘆きの壁」。キリスト教徒にとっては、イエス・キリストが十字架にかけられたゴルゴダの丘に作られた「聖墳墓教会」。イスラム教徒にとっては、イスラムの創始者ムハマンドが昇天したとされる「岩のドーム」。いずれの宗教にとっても、相譲れない聖地がエルサレムで、この存在がパレスチナ問題を一層複雑にしています。

　パレスチナ問題を解決できたら、ノーベル平和賞の受賞は間違いないとさえ言われます。和平交渉を進めたサダト大統領やラビン首相は暗殺されました。歴代のアメリカ大統領も、さまざまな解決策を模索しましたが、いずれも対立を解消するには至っていません。

　パレスチナの帰属に関して、ユダヤ人とパレスチナ人、どちらの言い分にも一理があります。弥生人が生活していたら、縄文人が戻ってきて「そこは俺の土地だ」と言って追い出されたようものです。もつれにもつれた糸を解くにはどうすればよいのでしょうか。

　宗教が理由で対立している、と単純に考えるのは間違っているかもしれません。ユダヤ人とパレスチナ人が共存していた時期もありました。エルサレムも、うまく諸宗教が住み分けていた歴史があります。

　そこに国際政治が絡んで事態を複雑にしてしまったというのが事実で

しょう。パレスチナ問題はほんの一例なのですが、国際政治上の争いは「正義と悪」の争いではなく、「正義と正義」の戦いになることが多いのです。

つまり「どちらも正しい」わけです。ユダヤ人にもパレスチナ人にも、それぞれの言い分があって、それぞれに正しい部分があるのです。だから終わらない。どちらも終われない。

筆者の大学にもインドネシア、マレーシアや中近東からのイスラムの留学生に加え少数ですが日本人のイスラム教徒もいます。彼らのため、礼拝用の部屋も設けられています。宗教や民族が違っていても、同じ平和を求める者として仲良くできないのでしょうか。

最後に、イスラエルの地を旅していた筆者のゼミ生からの手紙を紹介します。

先生、ゼミの皆様、私は今イスラエルのエルサレムにいます。この国にはびっくりするくらいたくさんの兵士と警察がいて、町を守っています。男の子は18〜21歳まで3年間、女の子は18〜20歳まで2年間、全員に兵役があると教えてくれました。高校を卒業してから、私たちが勉強している間、彼らは訓練を受け、戦いに行くのです。男の子だけじゃなくて、女の子にも兵役があることが、この国の軍事に注いでいる割合を表している気がします。私は今までパレスチナについて勉強してきましたが、想像以上の現実に、何か悔しささえ感じます。どう平等に見たって、パレスチナ人は耐え、イスラエル人は押さえつけているように見えます。この悲惨な状況を、世界に知ってもらう術もなく、超不条理な日常を送っている姿を見ました。日本に帰ったら、このパレスチナの現実を多くの人に伝えなければ、と思います。ここは国際政治の舞台そのものです。聖地というこの国の重要性はわかりますが、宗教の前に、人としての生活を……と私は考えてしまいます。

イスラエルの女性兵士

第2次世界大戦後、日本の教育では宗教を教えることをためらってきました。戦前の天皇を神とみなす国家神道に対する反省があるためです。しかしそれはそれとして、国際社会を理解するためには、次章で考察するエスニックと合わせて、宗教に対する理解と受け入れが必須であると考えられます。

イスラムという信仰

イスラムはアッラーと呼ばれる唯一絶対神に服従することを誓う宗教です。イスラムという言葉が「アッラーの教え」という意味なので、わざわざ「教」をつける必要はありません。イスラムの人々をムスリムと呼びます。

イスラムの教えは7世紀の預言者ムハンマド（570〜632）が聞いたアッラーの教えを集めた聖典『コーラン』に示されています。アッラーは万物の創造神で、人間を導くために預言者を遣わして、戒律と規律を人間に与えました。アッラーはムハンマド以前にもノア、モーゼ、イエスなど多くの預言者を地上に送ったとされ、ムハンマドが最後の預言者です。

ムハンマドは無学で貧しい青年でしたが、25歳のときに15歳年上の裕福な未亡人に見初められて結婚し、その後、洞窟で瞑想にふけるようになります。40歳のとき、突然、洞窟に大天使ガブリエルが現れて『コーラン』の最初の掲示を伝えました。

ムハンマドの言動は『ハディース』と呼ばれる伝承集になっていて、ムスリムの行動規範となっています。

ムスリムが守るべき儀礼は六信五行として規定されています。「六信」とはアッラー、預言者たち、啓典、天使、審判の日、天命、「五行」とは信仰告白、礼拝、喜捨、断食、巡礼です。

礼拝（サラート）は毎日5回、メッカの方角に向かって祈りを捧げます。礼拝は神聖な行為ですので、体を清め、美しい敷物や布きれを敷いた上で行います。

巡礼（ハッジ）はイスラム暦12月にメッカのカーバ神殿を中心に3日間にわたって行われる大巡礼が有名で、毎年200万人ほどが訪れます。ムスリムには一生に一度はメッカに巡礼することが義務づけられています。

ムスリムはお酒や豚肉を食べることは禁じられています。豚以外の獣肉もコーランの教えに従って処理（ハラル）されないと食べることはできません。

課題
この章のテーマをさらに深めるために

● 異なる宗教は共存できないのでしょうか。共存している例や、「宗教多元主義」と呼ばれる考え方について調べてみましょう。

● あなたは、自分に「宗教」は必要だと思いますか、あるいは不要でしょうか。それはなぜですか。

● お宮参りや教会での結婚式、初詣やクリスマスなど、日本の社会では宗教とは思われていなくても、実は宗教的だと考えられることを挙げてみましょう。留学生にも聞いてみましょう。

第11章 民族と国際政治
ルワンダの悲劇

友だちがアフリカへスタディツアーに行きたい、って言ったら、両親から大反対を受けたんだって。民族間の争いを繰り返しているような危ないところにやるわけにはいかないって。

「ホテル・ルワンダ」っていう映画、みたことある？　ルワンダでは民族の違いが理由で国民の1割以上が殺されてしまったんだよ。世界で一番新しい独立国家、南スーダンでも、民族による争いから紛争が起こっているしね。

それは民族が原因とは限らないさ。キーは資源だよ、資源。石油や資源の利権が絡むと、それまで仲良く暮らしていた民族でも争うようになるのさ。

冷戦が終了して、超大国同士のイデオロギーによる争いはなくなりました。「さぁ、これで世界平和が実現するぞ」と思っていたのに、皮肉なことに冷戦下で抑えられていた民族紛争が多発するようになったのです。民族は本当に共存できないのでしょうか？それとも別の要因が民族を分かつものとなっているのでしょうか？

この章で学ぶこと
- 冷戦の終結と民族対立
- ルワンダ大虐殺はなぜ起きたのか
- マレーシアの多民族社会と政治

1 冷戦終了と文明の衝突

アメリカとソビエト連邦による冷戦（第9章）が終了した後、宗教と民族対立が大きな問題として世界に登場してきました。超大国の対立の狭間で押さえられていたものが噴出してきたのです。

冷戦時代は、イデオロギー（資本主義か社会主義か、市場経済か計画経済かなど）と超大国（米国、ソ連）との関係が、自国にとって敵か味方かを判断する基準となりました。

冷戦終了後の争いは、国と国との紛争よりも、一国内部でのあるいは国から国へと伝播した宗教や民族をめぐるものが多くみられるようになりました。民族や宗教、文明といったものが、敵と味方を識別する基準となってきたのです。

アメリカの国際政治学者サミュエル・ハンチントンは『文明の衝突』（The clash of civilization）で、冷戦後の国際政治上の対立は、主権国家を単位として起きるイデオロギーの衝突でなく、諸文明の間で文化的な問題をめぐって起こるという仮説を提示しました。

特に中国儒教文明とイスラムとが西欧文明と対決するという構図が示されたのです。「文明」の定義があいまいであることなど、この説に対する批判もあります。しかし、2001年9月11日に起こった同時多発テロ事件など、冷戦後の国際政治では宗教と民族が対立の原因となっている事実は否定しがたいものがあります。

ハンチントンによれば、冷戦時代は「どちらの味方なのか」という問いが一番重要でした。しかし冷戦後は、「われわれは何者か」、「われわれはどこに所属しているのか」、「われわれと違うのはだれか」といった基本的なことが問いかけられるようになりました。

その際に重要なファクターとなるものが民族（私たちは誰なのか）と宗教（私たちは何を信じているのか）です。私たちは民族と宗教によって自分がどこに所属しているか、そして誰が味方で誰が敵かを決定するようになったのです。

「私は誰なのか」という問いをアイデンティティといいます（第1章参照）。21世紀は「私たちは誰なのか」が国際政治でも問われる世紀です。

2 民族とは何か

民族という言葉はネーションとエスニシティ両方の意味で用いられます。

ネーションは国家を構成している「国民」を指し、政治的な意味で使われます。民族国家、民族自決、民族独立運動といった場合の「民族」はネー

19世紀に産業革命が始まると、ヨーロッパ諸国はアフリカを分割して植民地化した。第2次世界大戦後、「アフリカの年」といわれる1960年をピークに、ほとんどの国（ネーション）が独立を果たすが、分割はアフリカの人々のエスニシティを無視して行われたため、独立後も紛争が絶えない。アフリカの地図を見ると多くの国境が直線になっているのは、列強が勝手に決めた分断線であることを物語っている。

ションです。グローバリズムに対するナショナリズム（nationalism）はこのネーション（nation）から来ています。

これに対してエスニシティとしての民族は、一般に、人種的特徴、言語、宗教的・文化的・歴史的背景などが同一の集団をいいます。少数民族、多民族国家、民族紛争といった場合の「民族」です。21世紀の国際政治では、エスニシティとしての民族がクローズアップされるようになりました。ネーションとしての民族国家の中で、エスニシティとしての民族紛争が多発するようになったのです。＊1

しかしこの2つはともに重要です。エスニシティがそのままネーションに移行する事例もあり、この2つの定義は重なる場合もあります。

また、人種とエスニシティの違いは、人種は人の物理的・肉体的特徴に注目し、一方エスニシティは人の文化的な要素に注目するものです。

国際政治における民族とは、「自決権を行使できると見なされる人間集団単位」と定義されていますが、いずれにしてもあいまいな定義です。

エチオピア

リベリア

☐ イギリス植民地
☐ フランス植民地
☐ その他の国の植民地

1912年のアフリカ
エチオピアとリベリア以外すべて列強の植民地だった。

3 ルワンダの大虐殺

❗ 虐殺はなぜ起きたのか

エスニシティから悲劇が起こった例にルワンダの大虐殺があります。中央アフリカのルワンダで1994年4月から6月までの間、当時約780万人（推定）の国民のうち80万人が殺された事件です。

ルワンダは日本の四国より一回り大きなくらいの面積の国です。8割のフツ（Hutu）、1割強のツチ（Tutsi）、および1％未満のトゥワ（Twa）からなる多民族国家でした。ツチとフツは宗教も言語も共通で相互の婚姻も進んでおり、ツチが一般に身長が高いことをのぞけば、少なくとも外部者の目から区別することは難しいものがありました。

ツチとフツの関係を植民地支配の道具としたのが宗主国のベルギーでした。格差を決定的にしたのがIDカード（身分証明書）の導入です。IDカードには、所持者がそれぞれツチ、フツ、トゥワであることが記入されました。その上でベルギーはツチのみに特権を与えたのです。少数の民族に力を

虐殺犠牲者の頭蓋骨
首都キガリ近郊のタラマ教
会で。

**虐殺のあったニャマタ教会
のマリア像**
壁には今も血の染みが残っ
ている。

持たせ、自分たちはその上に乗る「間接支配」の方法がとられました。統治
に携わる植民地本国（この場合はベルギー）の人間の数が限られていること、
また支配される側の憎しみが直接自分たちに向かないために、植民地支配
で一般的にとられた方法です。この意味で、ツチとフツとの区別は歴史的か
つ政治的につくられてきたものです。当時の公務員の95％以上が、全体の1
割強を占めるに過ぎないツチでした。

　ルワンダは1962年にベルギーから独立しました。独立して民主化すれば、
当然多数派であるフツが主導権を握ることになります。独立と民主化は、ル
ワンダを民族対立の激化の方向へと舵を切らせたのです。

　ツチが主要ポストから排斥されたばかりでなく、差別や殺害が開始され
ました。難民として多くのツチが隣国であるウガンダ、ブルンジ、ザイー
ル、タンザニアへ逃亡し、後にRPF（Rwandan Patriotic Front：ルワンダ愛国
戦線）を結成します。RPFは逆にルワンダ国内に侵攻するようになります。
内戦の勃発です。

　侵攻して来たRPFとルワンダ軍の和平交渉が進んでいた1994年4月6日、
フツのハビャリマナ大統領の乗った専用機が、首都キガリの空港に着陸寸
前、地対空ミサイルによって撃墜され、大統領を含む乗員全員が死亡しまし
た。

　大統領機撃墜の真相は現在に至るまで明らかになっていません。確実な
ことは、この事件によって、熟した果実がぽとりと落ちるように、すべて用
意の整った虐殺の引き金が引かれたことです。すでにルワンダ各地にツチ
を虐殺するための武器が配布されていました。ルワンダという部屋には民
族対立という名のガスが充満していました。誰かがマッチを擦ればそれで
爆発が起こるようになっていたのです。

　住民を逃さないように、すぐにバリケードが築かれました。植民地支配の
残滓であるIDカードによりツチとフツの選別がなされ、ツチだとわかれば
容赦なく殺害されました。ツチを擁護した穏健派のフツも犠牲となりまし
た。わずか2週間の間にルワンダ全土で約50万人が虐殺されました。これは
1時間に300人というすさまじいスピードです。

　ルワンダで大量殺戮が行われたのは、強制収容所のガス室ではありませ
ん。自宅からツチを追い出し教会などに集めた上で、まとめて殺害する方法
が多くとられました。各地に虐殺現場（Genocide Site）として保存されてい
る場所のほとんどが公共の建物やカトリック教会（当時のルワンダ国民の9割
がキリスト教徒）です。

　村長など地方行政の長が指令を出し率先して虐殺に参加し重要な役割を

果たしました。軍や警察、訓練された民兵が先頭に立ち、「普通の人々」が虐殺に参加したのです。

　ルワンダは国民を虐殺に向かわせる要因に満ちていました。その引き金を引いたのはハビャリマナ機の撃墜でしたが、虐殺の原因は国際政治の観点からも見る必要があります。

❗ ルワンダ虐殺の国際政治的な意味

　虐殺当時ルワンダには、国連の平和維持活動 UNAMIR（United Nations Assistance Mission for Rwanda）が、安保理決議に基づき停戦監視を目的に展開していました。ところが国連は虐殺が始まった直後の1994年4月21日の安全保障理事会で UNAMIR の縮小を決議しました。停戦監視を目的とした UNAMIR にはルワンダの現状は危険すぎるという理由です。国連は2500人の PKO 部隊を400人に縮小します。この背景にはアメリカの強い圧力がありました。[2]

　ルワンダ虐殺の半年前の1993年10月、東アフリカのソマリアで国連による人道的介入を行っていたアメリカ兵18名が殺害されます。米兵の遺体が市中を引き回され、米国民はそれを衛星放送や雑誌の写真で見せつけられたのです。世論や議会による激しい追及に懲りて、クリントン政権はそれ以降アフリカに積極的に関わろうとしなかったと言われています。

　一方フランスは、1994年6月から人道的軍事介入と称してルワンダ南西部に2500人の兵員を派遣します。この「トルコ石作戦」は、当初フランスの独自行動でしたが、後に国連安全保障理事会によって承認されます。フランスの行動は、医療活動など実質面で成果を挙げましたが、他方で問題も残し

*2　**PKO 部隊の縮小**
当時 PKO 部隊の指揮官だったカナダ人のロメオ・ダレール准将は回想記で、「アフリカ人8万5千人が死んだら白人の兵隊を1人送ってやる」と言い放った政治家のことを書いている。それがアフリカ人の命の価値だった。（Shake Hands with Devils.）

ルワンダ大虐殺の要因

　虐殺の原因について、ある研究者は次のように言っています。

　「一部の殺人者が物質的利益と居住空間の期待に動かされたのはまちがいない。（中略）植民地時代以前の不平等。絶対権力と階層化された集権政治。ベルギー統治下のハム語族神話によるラジカルな二極化。1959年のフツ族革命にはじまる虐殺と追放。80年代後半の経済崩壊。ハビャリマナ大統領がツチ族難民の帰還を拒否したこと。複数政党制にまつわる混乱。RPF の攻撃。戦争。急進派フツ至上主義者。プ

ロパガンダ。虐殺の訓練。大量の武器輸入。権力分割と人種統合による平和がハビャリマナの寡頭政治を揺るがす。脅しつけられ、従順で、自由を持たない——そして多くはアル中の——農民たちの、極端な貧困、無知、蒙昧と恐怖。外の世界の無関心。それだけの材料を混ぜ合わせれば立派なジェノサイドのレシピとなり、それがいつ起きてもおかしくなかったと言える。」
（ゴーレイヴィッチ『ジェノサイドの丘』）

ます。

　フランスはそれまでフツの擁護者でもありました。撃墜されたハビャリマナ大統領の専用機はフランスから与えられたもので、パイロットはフランス人です。ルワンダ南西部に展開したフランス軍は、RPFからフツ要人を隣国コンゴに逃がす手助けをしたとの非難を受けます。

　ルワンダに攻め込んだRPFの勝利により、1994年7月までに虐殺は終わりました。RPFの復讐を恐れて難民となったフツ（約200万人）は、主として隣国ザイール（現在のコンゴ民主共和国）に逃れました。彼らは希少金属の宝庫上に難民キャンプを築くことになります。このため、携帯電話に欠かせないタンタルやパソコンの基盤に使われるカセッテライトという現代のICT（情報通信技術）に必須の貴重な鉱石が、紛争の当事者によって左右されることとなりました。

　フツは難民キャンプをベースにルワンダに反攻を試み、それに対するツチの新政府の反撃から、資源をめぐって周辺各国も巻き込んだコンゴ紛争（アフリカ大戦とも呼ばれる）が起こります。紛争は現在に至るまで長期化し、500万人の人が犠牲になったといわれます。

　一方、ルワンダ国内では、新政府は国民による「和解」（reconciliation）を志向しました。IDカードでのツチ、フツ等の記入は廃止され、子どもが父親側のエスニシティを名乗る必要もなくなりました。しかし、ルワンダの現状は決して安定したものではありません。

　ツチとフツの格差をなくすためには政治的なパワーシェアリングが必要ですが、果たしてルワンダでそれが可能でしょうか。ツチにとって、現政権を維持することは自分たちが再び虐殺に遭わないための絶対条件です。一方で、多数を占めるフツにとっては、デモクラシーである限り、多数派である自分たちが権力の座につけないことは非民主的に映るでしょう。

　「アフリカの平和は、単に前の戦争と次の戦争の間の時間にすぎない」という言葉があります。ツチ、フツの区別を作ったのがベルギーであったように、アフリカの紛争の多くの原因を作ったのが植民地宗主国でした。そして外部の大国による資源争いのためにアフリカの多くの国が政情不安となっています。「アフリカでは民族紛争が多発している」という言葉の裏には、そのような歴史と政治があるのです。

アフリカ大戦の犠牲者は500万人を超えます。冷戦後最も多くの人が亡くなっているのはアフガニスタンでもイラクでもなくアフリカです。

　　多民族国家がうまくやっていくためには、政治的な知恵も必要になります。政治学の教科書通りに「民主化」したからうまくいくとは限らない、といって非民主的な強権政権では正統性に疑問がある……そのような難しいジレンマが存在します。

　　マレーシアは東南アジアのマレー半島の南半分（西マレーシア）とボルネオ島の北部沿岸地域（東マレーシア）の２つの地域から成り立っています。国土の広さは日本の約９割、人口は約3200万人です。ざっと６割のマレー人、３割の華人（中国系）、１割のインド系からなる典型的な多民族国家です。18世紀末から19世紀末にかけてイギリスに植民地化され、社会構造が大きく変容しました。

　　マレーシアの真の危機は、1963年の独立後、国内の民族対立からやってきました。1969年に華人とマレー人の間で衝突が起こり、数百人に上る死者が出たのです。この責任をとって、「独立の父」ラーマン首相は1970年９月に引退、その後を受けてラザク首相が就任します。

　　ラザク新首相のもとで、ブミプトラ政策が採用されました。ブミプトラは「土着の民」という意味ですが、経済的に立ち遅れているマレー人などの先住民族を、華人・インド系などの移住系住民に優先させる政策でした。

マレーシア小史

　　イギリスの植民地化の目的は、マレー半島での一次資源開発にありました。そのために大量の中国人やインド人がマレーシアに流入します。マレーシアはスズと天然ゴムを中心とした工業原料を供給する基地として開発が進められ、典型的なモノカルチャー経済構造（第14章参照）が形成されてきました。

　　スズ鉱山の労働者としては中国からやってきた華人の労働力に依存し、また天然ゴムプランテーションにはインド人の移民が大量に送り込まれました。その結果、今日の多民族社会が生まれました。

　　先住のマレー人は農業、漁業などに従事したままで、商工業などの近代的セクターから取り残されました。民族によって経済機能が分化し、その結果、民族間に経済的格差が生ずるという社会構造ができあがってしまったのです。

　　第２次大戦中の日本の軍政などを経て、1946年４月にイギリスはマレー半島の９つの州とペナン、マラッカでマラヤ連合を提案しました。マラヤ連合では主要３民族の住民にほぼ平等の市民権が与えられていました。

　　しかし、マレー人が統一マレー人国民組織（UMNO）を結成し、1948年にはマレー人の特別権利を認めたマラヤ連邦へと組み替えられました。華人社会は1949年にマレーシア華人協会（MCA）、インド人社会は1946年にマレーシア・インド人会議（MIC）を結成します。

　　1963年にはマレーシア連邦として、イギリス植民地のシンガポール、ボルネオ島のサバ、サラワクを加えて独立、65年には華人中心の社会であったシンガポールがここから分離・独立します。

教育や政治活動、経済活動における平等・自由をある程度規制してでも、民族間の調和（マレー人優先）を重視して開発を進めることが決定されます。

1981年7月マハティールが首相に就任、翌1982年4月の総選挙で彼が率いる国民戦線（マレー人による UMNO に、華人よる MCA、インド人による MIC を加えたもの。コラム「マレーシア小史」参照）が勝利しました。同首相は続く総選挙でも圧勝して、長期政権の基盤を固めました。

マハティールは権威主義的な手法で中央集権化を強行して、政治・行政領域での国家の近代化を促進します。この間、経済も急成長してマレーシアは一次産品国から工業国へと転換しました。

マレーシアは複数政党制で、議会で野党がつねに一定数を確保しています。にもかかわらず UMNO による一党支配で、国家とマレー人優先政策の影響が強い体制です。議会では、「敏感問題」すなわちマレー人優先政策や、マレー人以外の市民権に関わる問題、国語としてのマレー語、国教としてのイスラムなどについて質問することが禁止されています。[3]

体制が維持されるのは、まず多民族社会の安定を保てるのが与党のみである、という理由があります。反対勢力が民族別に分かれており、マレー人以外でも自らの利益を図ろうとすれば、与党に頼らざるをえないという状況です。マレー人にとっても、マレー人優先政策を掲げる与党は自らの利益につながっています。多民族社会の安定と国民の欲求を先取りした政策のため、与党が安定しているということが言えるでしょう。

マレーシアの最近の選挙結果からは、相変わらず与党への高い支持率が読み取れますが、問題点も出てきています。経済発展の一方で長期政権の間に、政権に近い企業を重用する現象が起きています。マレー人優先政策によって経済的、社会的に劣位にあったマレー人と他のエスニックの格差は縮小しました。しかし皮肉なことに、マレー人内部での格差が問題化しています。

同じ学校で教育を受けたマレー人と中国人の中間層が、デモクラシーを求めて民族の違いを超えて連帯しはじめたという指摘もあります。多民族社会や経済的な安定を揺るがさない程度に、批判が増加していると言えるでしょう。

＊3　マレーシアの一党支配
UMNO が政権党の立場を利用して、自らに有利な政治・選挙制度を駆使し、与党に脅威となるような反対勢力の押さえ込みを行っていることも指摘される。マレー人に有利なように、選挙区のゲリマンダー（自分たちに有利になるような組み換え）が頻繁に行われた。また国内治安維持法（ISA）により、活動家が「民族間の緊張を高めた」として逮捕されたり、学生運動、労働組合も法律で政治活動を押さえ込まれたりした。

マレーシア

5 宗教と民族——人と人を分かつもの？

第10章で宗教、この章で民族について見てきましたが、宗教や民族ははたして人を分かつものなのでしょうか？

パレスチナにおいて、ユダヤとアラブが平和裏に暮らしていた時期もありました。ルワンダにおいてツチとフツの格差は植民地支配のためでした。マレーシアを複雑な多民族社会にしたのも元はと言えばイギリスの植民地政策です。植民地支配という歴史が、現代の民族紛争に深くかかわっています。

その意味で、民族が違うからといってそれがすぐに争いにつながるとは言えません。アフリカでは、定義にもよりますが、2000を超す民族があると言われます。民族の違いで戦うというならば、アフリカ中で常に戦っていなければなりません。しかし、ほんの一部の例外を除いて民族が違うというだけで殺しあうことはありえません。

問題は民族間の格差や差別が露わになったときです。民族内の不満を外に向けるために、リーダーが政治的な敵を作る場合もあります。格差やさまざまな問題があり、それをリーダーが「民族問題」として取り上げることによって争いが起こり、激化します。

中国のアフリカ進出

「7658人」と「82万人」。これはアフリカに在住する日本人と中国人の数です（『週刊東洋経済』2010年1月9日号「特集アフリカの衝撃」東洋経済新報社）。官民ともに圧倒的なパワーで存在感を増す中国に比べ、アフリカで日本の姿は悲しいほど見えてきません。

たとえばルワンダでは、外務協力省（MINAFFET：Rwanda Ministry of Foreign Affairs and Cooperation）の建物は100%中国からの援助で建てられました。援助だけをみても、中国政府による農業技術センターがオープンし、それ以前から稲作指導は継続的に行われています。タンザニアとの国境近くには中国の援助による広大な田圃が広がります。2009年には首都キガリに孔子学院が設立され中国語の授業が行われています。ルワンダから中国への留学生は多数に上っています。中国によって病院も建設中です。

もちろんこれはルワンダ一国で起こっていることではありません。アフリカ各国で同じような中国の急速なプレゼンス（存在）の増加があります。

中国のアフリカ向け輸出額は、旧宗主国のフランス、イギリスなどをすでに抜いています。在ルワンダ中国大使館では、中国とアフリカ諸国の関係は、「ウィン・ウィン」（Win-Win：両者にとって利益のある関係）であると説明されました。発展途上国である中国とアフリカは、価格やスペックの面でお互いに利益がある取引ができるという意味です。

発展途上国である中国が、他の発展途上国をサポートする必然性があるのか、という疑問がわくと思います。そこには実質14億人の人口を抱えて急速な経済発展を遂げる中国の、止むに止まれない事情、つまり製品の市場拡大、また資源獲得の必要性があります。国連などで発言力を増す狙いもあるものと思われます。

民族紛争や宗教対立を見たときに、本当の原因は民族や宗教でなく、隠されているどこかにあると理解した方が妥当なように思われます。つまり、民族や宗教は政治的に利用される不満のはけ口です。

民族や宗教の問題は極めて政治的なのです。21世紀の政治では、「私は誰なのか」、「私の仲間は誰か」といった個人のアイデンティティの問題が、大きな位置を占めると思われます。

6 日本人は同質性の高い集団

日本人は人種的特徴、言語、宗教・文化的・歴史的背景に加えて国籍までも一致していることを当然と考える人が多く、世界的に比較しても同質性の高い集団です。そのため多民族国家と比べると、宗教や民族に対する政治的コストは極めて低く抑えられてきました。しかしこれは世界ではむしろ少数派です。

これまで宗教についても民族についてもあまり考える必要のなかった日本人でしたが、グローバル化の進むこれからは、宗教について、民族についての具体的な知識が必須になってきます。そして最も大切なことは、それぞれの宗教や民族を理解したうえで、尊敬することです。

> CIA factbook によれば日本の人口に占める日本人の割合は98.5%。ほぼ100%の韓国と並んで世界で最も同質性の高い国です。

課 題

この章のテーマを
さらに深めるために

● 「私たちは誰なのか」、民族、国籍、文化や宗教など、「私たち」と「それ以外の人々」を分かつものについて考えてみましょう。

● ルワンダ大虐殺について、映画や生存者の書籍によって、詳しく調べてみましょう。

● 多民族国家は同質性の高い国家に比べてどのようなコストがかかるか、話し合ってみましょう。

第12章 豊かさが先？自由が先？
開発と民主化

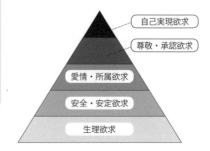

心理学で習ったマズローの欲求段階説って、開発途上の国を理解する上でも役に立つんじゃないかな。人間の欲求はこの三角形の底辺から頂点に向かっているんだって。

ピラミッド図：
- 自己実現欲求
- 尊敬・承認欲求
- 愛情・所属欲求
- 安全・安定欲求
- 生理欲求

なるほど。飢餓に苦しむ国では「生理欲求」が満たされない。紛争の絶えない国では「安全・安定欲求」が満たされない。その次の「愛情・所属欲求」は愛国心や家族愛かな。

いちばん上の2つを目指せるのは先進国の特権かも。自分の意思で大学に行けたり、仕事を選べたりするのは、じつはすごく恵まれたことなんだね。

開発途上国の人々が求めるものは大きく分けて「経済的な豊かさ」と「政治的な自由」の2つです。しかし、開発のための費用や人的資源が限られているために、この両方を同時に達成することが難しいのです。豊かさと自由、どちらを優先させればよいのでしょうか？

この章で学ぶこと
- 冷戦の終結と民主化
- 「豊かになること＝開発」と「自由になること＝民主化」
- タイとシンガポールの民主化について

1　冷戦終了と民主化の「第3の波」

　デモクラシーの最低の要件は、「参加」と「公平な競争」でした（第2章）。これらが十分に満たされていない国々で、デモクラシーの方向に国を向けていくこと、これを「民主化」といいます。

ポイント

　民主化（democratization）とは、国家の政治の仕組みを、デモクラシー以外の状態からデモクラシーの方向に向けていくことです。

　第2次世界大戦後のアメリカの対外政策には、社会・経済的発展（つまり豊かになること）がデモクラシーの基礎になる、という考え方がありました。

　「国家が豊かになればなるほど、デモクラシーを発展させる機会もますます増大していく」という、アメリカの社会学者リプセットの言葉は、この楽観的とも言える考えを端的にあらわしています。このような考え方を近代化論といいます。

　しかしながら、大戦終了後まもなく冷戦が始まりました（第9章）。共に連合国として戦ったアメリカ（西側）とソ連（東側）が対決するようになったのです。東西両陣営は全人類を何十回も殺せるくらいの核兵器を所有してにらみ合いました。

「あいつら（非民主的な政権）はこん畜生だ、しかし我々の側のこん畜生なんだ」という冷戦時代アメリカ大統領のセリフがあります。

　冷戦の中でアメリカは、相手政府がたとえ非民主的な軍事政権であっても、反共政権（つまり東側に反対する国）であれば資金や兵器の援助を行いました。ソ連とのパワーバランスを保つために、なりふり構ってはいられなかったのです。東側も同様でした。両陣営は壮絶な「陣取り合戦」で、少しでも自分の味方を増やそうとします。

　社会主義陣営はやがて経済的に行き詰りました。冷戦のシンボルであったベルリンの壁は1989年に崩壊しました。東側諸国が次々と共産党の一党支配から民主化され、1991年にはソビエト連邦自体が消滅・解体してしまいました。

　アメリカにとって、それまで対決していたソ連・東欧をはじめとした社会主義政権が崩壊したため、もはや非民主的な反共政権を擁護する必要がなくなったのです。その国が民主的かどうか、が援助を決める際の大きな要因となりました。冷戦の終結が民主化の進展をもたらしたのです。

第3の波と雪だるま効果

景気に好不況の波があるように、政治の変動や民主化にも一定のサイクル（波）があると考えられています。

第11章の『文明の衝突』でも紹介したアメリカの国際政治学者、サミュエル・ハンチントンによれば、人類はこれまで民主化の3つの波を経験してきています。[1]

＊1　ハンチントン『第三の波──20世紀後半の民主化』坪郷實・中道寿一・藪野祐三訳、三嶺書房、1995年

第1の波は、それまでの絶対王政（王様がすべてを決める体制）が民主化された時期です。19世紀初頭から100年ほどの間です。それまで皇帝に支配されていたヨーロッパの帝国が、次々と民主的な政治体制に変わっていきました。

揺り戻しを経て、第2の波がやってきます。これは主として第2次世界大戦後の民主化の時期です。ここで民主化されたのは、日本やナチス・ドイツのような国家や植民地、軍事独裁政権でした。

第3の波は1974年のポルトガルの民主化運動から始まります。一党制、軍事体制、個人独裁が民主化されました。その波は現在も続いているというのです。

この第3の波の中で、デモクラシーを求める運動は、さまざまなメディアを通じて伝えられ、それを見た近隣の諸国に次々と影響を与えました。これが、ハンチントンが「雪だるま効果」と名づけたものです。雪だるまを転がしているとどんどん大きくなるように、民主化が一国から周りの国を巻き込んで大きくなっていくさまを例えたものです。

2010年12月末から2011年にかけてチュニジアで起きた反政府デモ（ジャスミン革命）をきっかけに、中東では民主化の風が吹きました。この「アラブの春」は、ツイッターやフェイスブック、衛星テレビ・アル・ジャジーラなどを通じて北アフリカの各国に拡大、チュニジアのみならずエジプト、リビア、イエメンの4か国で長期政権が交代しました。これもハンチントンの言う「雪だるま効果」と考えられます。

その後エジプトでは、2013年には選挙で選ばれた大統領を、民衆の支持を受けた軍部が引きずり降ろしました。民主化の道は一様ではありません。

公正な競争、コンディショナリティー

冷戦終了の前後には、アメリカ合衆国のレーガン大統領、イギリスのサッチャー首相など、いわゆる新保守主義といわれる考え方が優勢であったために、民主化が促進されたという事実もあります。

新保守主義では、市場経済化、規制緩和、小さな政府、民営化と競争の強調により、それにふさわしい政治システムが必要とされ、政治の世界でも公

正な競争をベースとした民主化が必須であるとされました。一部の人だけが私腹を肥やすような政治体制では、経済も成功しません。

世界銀行・国際通貨基金（IMF）などの融資の条件（コンディショナリティー）を正当化するものとして民主化が要求されました。援助するにふさわしい、外部から見て透明で責任の明確な、腐敗の少ない政府が望ましいとされたのです。開発途上国は、開発のための資金を国際機関や先進国から借りなければなりません。その際の条件として、その国が民主的であることが要求されたのです。

このような土壌の上に民主化が花開きました。冷戦の終結、つまり社会主義の崩壊は自由主義陣営＝デモクラシーの勝利だと理解されたのです。

今日の世界では、キューバや北朝鮮を含めて、自らの体制を「民主的だ」と言わない政府はありません。それだけ「民主化」がグローバルなスタンダードになったのです。しかしその現実の内容は多様です。したがって、現在の体制に対して民主化を求める側が具体的に目指すものも、実にさまざまです。

❗ 経済発展が先か、民主化が先か

経済発展と民主化の間にはジレンマが存在しています。経済発展のためには望ましい政策をきちんと実行する力が必要です。そのために権力が集中して安定した政府が要求されますが、デモクラシーは分権と政治変動を意味することが多く、それは経済発展を妨げる結果をもたらすかもしれません。

志願兵と徴兵制

自分から希望して兵役に就く志願兵に対して、本人の意思にかかわらず一定期間、兵役の義務を負う制度を徴兵制といいます。アメリカではベトナム戦争後の1973年に徴兵制が廃止され、冷戦後にはヨーロッパ諸国でもほとんどの国で廃止されました。2014年現在で徴兵制が残っている先進国は、デンマーク、オーストリア、フィンランド、ノルウェー、スイス、ギリシャ、ロシア、韓国などですが、ほとんどの国で宗教的な理由などによる「良心的懲役拒否」が認められています。

中国では経済的理由からの志願兵希望者が多いた

め、徴兵は多くありません。

アフリカや中近東、東南アジア、南米など治安の不安定な地域ではまだ徴兵制が残っている国が多いのですが、近年は兵器のハイテク化を背景に、PMC（民間軍事会社）や自国以外の紛争に参加する傭兵（戦争のプロ）の存在も大きくなっています。

なお、日本では、自衛隊経験がなくても、18歳以上34歳未満で一定の検査に合格すると予備自衛官補になり、さらに3年間で合計50日の教育訓練を修了すれば予備自衛官になることができます。

経済発展が先行するという立場（経済発展先行論）は、民主化は場合によっては経済発展にマイナスであると主張します。その理由は、開発には安定した政府が必要であり、不安定な政権は経済発展を阻害する場合があるからです。また、デモクラシーは時に過大な社会福祉予算を生みます。経済発展を進めれば、その結果新しく生まれた富裕層や中間層によって、民主化への条件が整えられていくと考えるのです。

　一方、民主化が先行すると考える立場（民主化先行論）は、民主化が経済発展を導くと考えます。民主化によって多数の国民が意思決定に参加し、開発に主体的に取り組めば、経済的に成功する可能性は高くなるかもしれません。また、より多くの国民が経済発展の成果を享受できるようになれば、貯蓄、消費などが上昇し、勤労意欲も向上して、いっそうの発展が可能になるであろうとも考えます。

　民主化先行論の代表的なものに、いわゆる参加型開発の考え方がありま

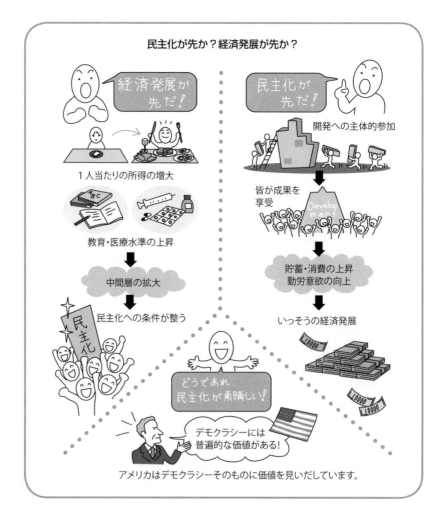

す。この主張は先進国の主導する国際機関の多くに共通します。

しかしこれら国際機関が対象としているアフリカの独立国などを見ても、現実には、民主化が経済発展を導くとはとても言えません。

またアメリカは、経済発展との相関関係の有無ではなく、デモクラシーそのものに普遍的価値がある、とするスタンスを取り始めているように思えます。

デモクラシーの国が増えると戦争が少なくなる、という仮説もあります。必ずしも民主化すると平和になるとは言えませんが、デモクラシーの国同士は戦争をしない、という民主的平和の研究[2]は有名です。

民主的平和
democratic peace

* 2　ブルース・ラセット『パクス・デモクラティア』鴨武彦訳、東京大学出版会、1996年

❗ 中央アジアの悲劇

ソ連の崩壊によって民主化した中央アジアのカザフスタン、ウズベキスタン、トルクメニスタン、キルギス、タジキスタンのCIS（独立国家共同体）では、独立後、年率マイナス8％で経済規模が縮小しました。8年で経済規模がほぼ半減します。これは平和時での最大の経済悪化です。

また、医療制度の崩壊により平均寿命が7年間も縮まりました。このようなことは、これまで統計上例がありません。経済発展を伴わぬ即急な民主化はいかにも危ういものがあります。

経済発展と民主化の関係について定説というべきものはまだ確定していません。民主化が「まだ見ぬものへの恋心」とするならば、「恋は恋。結婚は結婚。とりあえずこの人で満足するか」という諦めの中で選ばれた政治体

民主化した社会主義国の中には、デモクラシーに失望して、共産党政権に逆戻りする国もありました。

コラム

「民主化」は善なのか？

今、デモクラシーは3つのレベルで大きな曲がり角にあります。

途上国においては、選挙が行われたとしても何ら問題の解決につながらない、形式的な選挙は無意味だという「デモクレイジー」（ポール・コリアー：オックスフォード大学教授）があります。

先進国では、政治学者フランシス・フクヤマの言う「ビート（Veto：拒否権）クラシー」、つまり権力が分散して政府が重要な決定をできない状況にあります。投票率の低下による選挙の有効性への疑問や政治の無力化がこれに拍車をかけています。

一方で権威主義国家は、意思決定において少なくとも効率的ではありえます。ロシア、中国など非民主的な国家の台頭、挑戦が3番目の問題です。中国の経済発展は、もしかしたら民意を排除しデモクラシーにかかる手間を省いてきたからではないかという見方もあります。

デモクラシーの基本は一人一票の平等な選挙です。現状に対する「恨み」を鼓舞するような過激な発言に踊らされることなく、あるいはただ「有名だから」「テレビで見たから」という理由ではなく、「一人の人間として信頼できる」候補者を選ぶこと。デモクラシーの復活は、やはり原点回帰にあるのではないでしょうか。

制の方が長く続く、という皮肉な観察もあります。あまりに過大な期待を寄せると、かえってデモクラシーに失望する可能性が高くなるからです。

作家の関川夏央は、「民主化」とは「いまある以外のなにものかをもとめる心の動きとしか定義できない」[*3]と述べていますが、たしかに「民主化」とはある種の文学的な表現かもしれません。

*3 関川夏央『退屈な迷宮──北朝鮮とは何だったのか』新潮社、1996年

！ 豊かさと民主化──2000ドル仮説

「経済発展にともなって民主化がすすむ」と主張する代表的な考え方が、「2000ドル仮説」と呼ばれるものです。これは経済成長の具体的指標としての1人当たり所得水準と民主化をストレートに結びつけるものです。

この仮説は1人当たりGNPが年間2000ドルを越えないとデモクラシーは定着しないが、2000ドルを突破した国では市民社会的状況が形成され、それまでの権威主義体制は弱体化し、民主制度が定着し始めるとする主張で、直感的には説得性があります（コラム「デモクラシーのはかりかた」参照）。

2000ドル仮説はもともと、スペインのフランコ体制下で経済発展計画委員長であったロレアス・ロペス・ロドが「1人当たり所得が2000ドルに達するころスペインではデモクラシーの準備が整うであろう」と予言し、それが的中したことに始まるといわれています。

具体的な数字に意味があるというよりは、「国民が食うや食わずの状態から脱することができてはじめて、生きていく他に政治的な自由を求め始める」というレベルを2000ドルと仮定した、と考えればよいでしょう。

グローバルなレベルで1人当たり国民所得と民主化の関係を見ると、経済発展と民主化は、たしかにプラスの相関がありますが、例外も見られます。1人当たり国民所得と民主化の間に、ゆるやかな相関関係を認めることができる、というのが妥当なのでしょう。

2 東アジアの事例から

豊かさと民主化の間には、たしかに相関関係があります。一方で歴史、文化、宗教などのバックグラウンドはすべての国で異なっています。第4章の比較政治学の紹介でも述べたように、完全に同じ政治システムの国は世界に2つと存在しません。めざす民主化の姿もそれぞれの国で違っているかもしれません。

したがって開発と民主化の針路も、さまざまなバリエーションを取ることになります。単一の「民主化の公式」に当てはめることは、いかにも危うい、ということだけは言えそうです。筆者が専門とする東アジアの民主化か

ら、そのような例を見てみましょう。

❗ 選挙以外の手段でデモクラシーを実現する？──タイ

　タイは、経済発展に伴い民主化が進展しながら、21世紀に入ってもクーデターによる政権転覆が行われるなど、デモクラシーが行きつ戻りつしている例です。

　同じ立憲君主国ではありますが、日本の皇室と違い、タイの王室は現在に至るまで大きな政治力を示してきました。タイ国憲法は、明確に「タイは国王を中心としたデモクラシーである」と謳っています。

　タイでは1932年に立憲革命が行われ、絶対王政に終止符が打たれました。しかしこの立憲革命は、社会の根底を覆し王室を廃止する文字通りの「革命」ではなく、軍部や官僚などのエリート層による「変革」でした。絶対王

デモクラシーのはかりかた

　ある国の政治システムと他の国の政治システムなどを比較する学問を比較政治学といいます。比較政治学では、可能な限り具体的な数値で比較することが求められます。議員の定数や選挙の結果（票数）を数的に分析することは可能ですが、頭を悩ませることの1つが、「デモクラシー」度の比較です。

　ある国の政治体制が民主的であるか否かは、多分に主観的な判断によるしかなく、数字で指標化することは困難です。たとえば「フランスの方がイギリスより民主的だ」という根拠を示すことは現実には難しいのです。

　しかし、ある一時点において各国の民主化を比較したり、歴史的な変化を追ったりする場合、指標化の利点は大きいものがあります。このためさまざまな指標作成の試みが行われています。

　民主化研究において最も多く用いられるのが、ニューヨークに本部を置く非営利団体フリーダムハウスが毎年発表する「世界における自由」調査です。世界銀行やUSAID（アメリカ援助庁）はこの指標を利用して各国への援助配分を決めています。

　この指標は政治的自由度について、政治的権利・市民的自由の2つの概念を適用しています（第2章のポリアーキーの要素）。政治的権利では、「国家元首あるいは政府の長が、自由で公正な選挙によって

選出されるか」、「立法府は、自由で公正な選挙によって選出されるか」などがチェックされます。市民的自由度は、表現と信教の自由、集会と組織化の権利、法の支配と人権、個人の自律と経済的権利などのカテゴリーに分かれています。

　政治的権利、市民的自由度の各項目をそれぞれ1～7点で評価します。1点が最も自由な政治体制であり、7点が最も非自由な政治体制です。この2つを足し合わせて得点が決まります。民主化が最も進んだ状態が最高値の「2」、最も遅れている状態が最低値の「14」となります。各国に調査員が派遣されることもあるそうですが、実は客観的に見えながら主観的なところもあり、判断はなかなか難しいところです。

　民主的な国のトップにランキングされているのは、アメリカや西ヨーロッパ、北ヨーロッパの諸国です。逆に最低のレベルとされているのは、北朝鮮やアフリカのスーダンなどです。

　日本とアメリカは共に「民主的」な国のグループですが、日本の得点はアメリカより1つ低くなっています。「民族差別」と「女性差別」が主な理由とされていますが、ではアメリカにはそれはないのか、というと微妙ですね。

政は廃止されましたが王室は維持され、国民の大多数を占める農民は政治から締め出されたままでした。

　革命を行ったエリート層は、デモクラシーを完全に実施して農民の声を受け入れるつもりはありませんでした。しかし、王族の特権を批判するためには、デモクラシーを完全に否定することもできませんでした。この農民層とそれ以外の分離、デモクラシーに対する矛盾した態度が、今日に至るまでタイ政治の難問となっています（コラム「民主化のカギを握る『新中間層』」参照）。[*4]

　経済発展による都市と農村の所得格差がこの問題に拍車をかけました。経済発展に伴って豊かな都市と貧しい農村の格差はひらくばかりです。首都バンコクと最も貧しい東北タイの所得格差は実に7倍。このバランスを保ち、タイ人の心を1つにつなぎとめていたのが国王の存在です。しかしどんなに英明な君主にも、人間としての限界があります。

　国王に、意図的ではないにせよ挑戦する存在があらわれました。タクシン・シナワットという政治家です。知識と実行力、東北タイというそれまで開発から忘れられた地域の重視とそこでの根強い人気、ビジネスと政治を絡めた金権体質によってタイ政治の中枢までのし上がってきた人物です。タクシンは、政治の陽のあたることのなかった東北タイ、北部タイの農民層

＊4　タイのクーデター
タイでは1932年の立憲革命から民主化が一応達成されたとされる1992年まで、ほぼ3年に一度、クーデターが起こった。
軍がクーデターを起こす➡憲法と議会が停止する➡新しい憲法が制定され総選挙が行われる➡しばらくは軍と議会の蜜月が続く➡やがて「腐敗した政治」を理由に軍がクーデターを起こす、というサイクルが繰り返された。

コラム　民主化のカギを握る「新中間層」

　民主化を進める中心として「新中間層」という言葉が出てきます。これはどのような人たちなのでしょうか？

　開発途上国の多くは、伝統的に地主・資本家などの一部の富裕層と、貧しい農民層の2極に分かれた社会でした。経済発展の結果、その2つの層の中間に、都市のサラリーマンに代表される新しい階層が登場してきます。

　開発途上国では、経済発展に伴い農村人口が都市に流入します。それらは工業部門やサービス部門へ吸収され、これまでとは違った社会階層を生みます。国の発展のためには教育された優秀な労働力が必要です。国民の側からもより高い教育が望まれるようになります。これらが「新中間層」と呼ばれる新しいアクターを生み、それにより社会が多様化し政治の流動化（民主化）につながる――これが経済発展

と民主化を説明するメカニズムです。

　新中間層は教育の高さや、マスコミへの影響力などから、情報が豊かで、国際的なネットワークを持ち、民主化を定着させる力を持っているとされます。

　この新中間層には二面性があります。支配体制の一員で、既存のシステムが安定している時には自由と政治参加を求めますが、社会が不安定になると既得権益保護にはしる傾向があるのです。先進国と違って社会全体では少数派の彼らは、下層を含めた全国民にデモクラシーを実現してしまうと自分たちの利益が失われることを恐れています。

　2006年9月にタイでクーデターが起き、安定したデモクラシーだと思っていた私たちをびっくりさせました。このクーデターを支えたのが、タイの都市部の新中間層であったことが知られています。

タクシン・シナワット
1949年生まれ。警察官僚出身の実業家から政治家に転身。2006年に亡命した後は各国を転々としている。

の幅広い支持を得ました。彼はタイにおけるデモクラシー（肯定的なだけでなく、衆愚政治・金権政治と呼ばれる否定的な意味をも含めて）のシンボルでした。貧しい東北タイ・北部タイでの圧倒的な得票率に比較して、バンコクを中心とする豊かな新中間層には自分たちに何の利益ももたらさないタクシンは全く不人気だったのです。

2001年の総選挙ではタクシンの率いるタイ愛国党は500議席中294議席を獲得する圧勝で、彼は首相の座につきました。タイ政治史上初めて4年間の任期を全うして行われた2005年2月の総選挙でも500議席中370議席を獲得したのです。

2006年9月に軍部がクーデターを起こします。タクシンは亡命を余儀なくされます。高い人気を誇るタクシンを追いやるには選挙ではなく、クーデターという手段しかなかったのです。バンコクの市民の8～9割がこのクーデターを支持したことが世論調査によってわかっています。

クーデターの遠因となったのは、タクシンが経営する会社の株の不法な売買などのスキャンダルでした。国王に対する不敬にあたる発言も問題とされました。これ以降、タイ政治はタクシンを支持する人々（赤シャツ）と、反タクシン（黄シャツ）の間で二分されることとなります。2014年6月にも親タクシン政権つぶしのため、再度クーデターが起きました。

タクシンの金権政治を嫌う人々は、ある時はクーデター、ある時は国際空港の占拠やデモによって、タクシン派の政権を窮地に陥れます。しかし、そうやって政権を勝ち取っても、タクシン派も同じ手で政権にゆさぶりをかけます。総選挙を行えばタクシン派の人気にかなわず敗北するのです。

「選挙で選ばれた首相を、選挙以外の手段で引きずり降ろす」というデモクラシーの禁じ手が、現代タイ政治の最大の難問です。

❗ 生き残るための政治——シンガポール

シンガポールは所得水準、所得分配ともに先進国レベルに達し、英語教育を受けた高い教育レベル層も明らかに存在しながら、民主化が進展していません。開発と民主化の関係では、中東産油国と並んで「豊かだけれど民主化していない」という特異な位置を占めています。

リー・クワンユー
1923年生まれ。シンガポール初代首相として1959年から1990年まで長期にわたりリー党支配を行いながらも、汚職を嫌い、シンガポールの経済発展を実現した。2015年逝去。

シンガポールは1819年に、イギリス東インド会社のスタンフォード・ラッフルズ卿が、この地を中継貿易点と定めることによって近代史に登場しました。第2次大戦後に独立の機運が高まり、1959年5月の総選挙でリー・クワンユーの率いるPAP（人民行動党）が51議席中43議席を占めて自治政府をつくりました。1962年9月マレーシアとの合併を訴えるPAPの提案が71%

の支持を得、合併による独立が決まりました。

しかし1965年8月9日に、シンガポールはマレーシアから切り捨てられるかたちで分離独立を余儀なくされたのです。

シンガポールの特殊性は、まず人口約400万人（シンガポール人と永住者）程度の都市国家で、政府のさまざまな管理が可能な規模であるという点にあります。そのメカニズムは、選挙制度にも遺憾なく組み込まれています（コラム「シンガポールの選挙」参照）。

シンガポールは天然資源は皆無で、貿易依存度が100%を越す貿易立国です。水さえも輸入に頼っています。

管理された国の極致としてシンガポールをエアコン国家（室内温度が調整されて快適だが退屈）と表現する研究者もいます。

しかもインドネシアやマレーシアに近接した「マレー人の大海に浮かぶ小島」のような都市国家で、建国以来、両国との国際関係は微妙な位置を保ってきました。国内でも中華系、マレー系、インド系の複雑な多民族社会のバランスに留意せねばならないのです。

またシンガポールは、外国からの投資を受け入れるために、安定した政治と社会を維持しなければ存在できない都市国家です。建国当初からのPAPの基本政策も、外資による成長を目指すものでした。

そしてリー・クワンユーの政策が着実に成功を収めてきたことも、誰もが否定できない事実です。

短期間にシンガポールを発展させたリー・クワンユーの手腕は評価すべきでしょう。一党独裁の方が、経済発展のため効率的であったことも否定できません。しかし国民の教育レベルも高く、要求も多様化している現在、そのような政治システムに国民が満足するのでしょうか。政治における選択

コラム シンガポールの選挙

シンガポールの選挙制度は、GRC（Group Representation Constituencies, グループ代表選挙制度）と小選挙区制が主体となっています。

グループ選挙区とは、たとえば定数3の選挙区では、マレー系かインド系を含む3人を1組の候補者として擁立し、最も得票の多かった政党の3人が一緒に当選する、というシステムです。この制度が設けられたのは、中華系住民が7割以上を占めるシンガポールで、マレー系、インド系などの少数エスニックグループ出身の議員を増やすためだとされています。

しかし、同時に実績でも人材的にも圧倒的に優勢な与党PAPにとって、極めて有利な制度であることは間違いありません。たとえ個人的に人気の高い野党候補者でも、自分1人の人気だけでは当選が難しいので、同じように人気の高い候補者とチームを組まなければならないからです。

このような政治システムを存続させることが、なぜ可能なのでしょうか。それは、建国の父であるリー・クワンユーの掲げた「生存のための政治」が、国の発展の初期から広く国民に受け入れられた結果であると考えられます。

の自由はデモクラシーのためには欠かせません。

政府は持続的成長には政治的安定の維持が絶対に不可欠で、政府の上からの一元的統治と管理が必要と固く信じています。徐々に「上からの民主化」政策を行ってはいますが、開発を至上命題に、強固な政治支配と管理を行う体制は、基本的には変わることがないと予想されます。

リー・クワンユーはこう言います。「われわれは痩せて健康的でいるか、もしくは死ぬだけだ」。シンガポール政府の正当性は、現在においても「生存のための政治」なのです。

❗ 開発と民主化──ジレンマの中に

観光都市シンガポール
シンガポールの象徴といわれるマーライオン像。

経済発展を遂げた先進国にとって、長期的にはデモクラシーが最も安定した政治システムであることは明らかでしょう。社会主義国が相次いで崩壊し、残った数少ない社会主義国も経済的に行き詰まるか、中国のように実質的な変化を示しています。国民の不満を吸収する点で、また政治指導者の交代を円滑に行う点で、デモクラシーは非常に優れた仕組みです。

また、現代において民主的でない政府には正統性がありません。国際社会でも孤立や援助のストップなどを覚悟しなければなりません。

しかし問題は、開発途上国にも同様のことを適用できるかどうかです。多くの開発途上国は、今なお豊かになることと自由な社会になることのジレンマの渦中にあります。経済発展は政治的安定を前提としており、性急に民主化しようとすれば政治の安定を損なう危険性が高いからです。そして、経済が発展しなければ、デモクラシーも結局は定着できません。

そのようなジレンマの中に開発途上国はあるのです。ここでもまた、答えは単純ではありません。

課｜題

この章のテーマを
さらに深めるために

● 冷戦後、なぜ民主化をめぐる議論が盛んになったのでしょうか。また21世紀に入ってその傾向に変化はあるでしょうか。

● 経済発展が先か、民主化が先か、あなたの考えをまとめてみてください。

● デモクラシーにはどんなメリットがあるでしょうか。逆にどのようなデメリットに気をつけなければならないでしょうか。

第13章 巨大な隣人・中国の光と闇

デモクラシー再考

昨日の日曜日、銀座に行ったら、中国人の団体旅行者の乗った大型バスが何台も停まっていたの。高級ブランド品を買い込む目的で日本に来てるんだって！

中国の富裕層はすごいお金持ちなんだよね。でも格差も激しいらしいよ。なにしろ超大国だからね。

中国の場合、民主化は遅れているのに経済は発展しているというめずらしい例だよね。でも、先進国から見ればなんだか危うい感じなんだよな。

イギリスの首相であったチャーチルは1947年に「デモクラシーは最悪の制度だ。ただし、いまのところこれ以上の政治制度はない」という意味の有名な言葉を述べています。なぜデモクラシーは最悪の制度なのでしょうか？
この章では、巨大な隣人・中国の現代史を通してデモクラシーの課題と可能性について考えてみましょう。

この章で学ぶこと
- 「やり方」と「真理」：２つの正しさ
- 中国の近代化
- 日中関係と東アジア

1　Right と Truth──2 つの正しさ

！「やり方」と「真理」は必ずしも一致しない

　「政治的民主化」と「経済発展」は、開発途上の国々にとって 2 つの大きな目標ですが、必ずしも同時に達成できるとは限りません。むしろ、どちらかが先行して他が後回しになるという場合が多いのです。先進国にとってデモクラシーが最も望ましい政治体制であることは間違いがなさそうですが、「途上国にとってどのような政治体制が望ましいか」というのは実に悩ましい問いです。

　私たちが「正しい」と言ったときには、実は 2 つの正しさがあります。

　1 つは「**Right**」。これは「やり方」の正しさです。

　国民が代表者を選び、その代表が国の政策を決める。したがって私たちはこれに従わなければならない。ただし、私たちは次の選挙で代表者を変える権利を持っている。これがデモクラシーです。正しいやり方だから、「正統性」を持つのでした。

　これに対してもう 1 つの正しさは「**Truth**」。これは「真理」ということです。

　多数決で決めたから、正しい結果になるとは限らない。1 ＋1 の答は何人賛成しようが反対しようが 2 です。

　これと同じように、100 人中 99 人が賛成しても、残りの 1 人が主張していることの方が正しいかもしれません。そちらに「正当性」があることも十分考えられます。

　一般に私たちは与えられるものや権利は多く主張しますが、自分が出さ

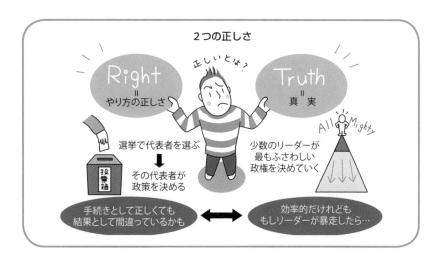

２つの正しさ

正しいとは？

Right
＝
やり方の正しさ

Truth
＝
真実

All Mighty

選挙で代表者を選ぶ
↓
その代表者が
政策を決める

少数のリーダーが
最もふさわしい
政権を決めていく

手続きとして正しくても
結果として間違っているかも
◀▶
効率的だけれども
もしリーダーが暴走したら…

なければならないもの（たとえば税金）や義務は、なるべく少ないほうがいい、と考えがちです。これでは国の負担は大きくなるばかりですし、整合性のある政策にはなりません。どこかで誰かが（具体的には政治家でしょうが）決断しなければいけません。

「やり方」と「真理」、この2つが一致すればよいのですが、必ずしもそうなるとは限りません。「手続きとして正しい、しかし結果として間違った」政策と「手続きとしては正しくないが、結果として正しい」政策がありえるわけです。

前者は失敗したデモクラシー、後者は成功した権威主義的な体制を想像すればわかりやすいかもしれません。

ただし、権威主義体制の政策は「手続きとしても結果としても間違った」ことが多いかもしれません。

❗ デモクラシーは全知全能ではない

デモクラシーは手続きに時間がかかるなど、欠陥もありますし、必ずしも正しい判断をするとは限らないことも歴史が示しています。

辛らつに定義するならば、「デモクラシーとはイエス・キリストを磔（はりつけ）にし、ナチス・ドイツを生んだ政治体制のこと」でもあります。

聖書によれば、「あの人（イエス）がどんな悪いことをしたというのか」と問うローマ総督ピラトに対して、「十字架につけろ」と叫び続けた（マタイによる福音書27：23）のは民衆による「民意」であったし、ワイマール共和国という当時最も民主的な体制からナチス・ドイツが合法的に生まれてきたこともよく知られています。

20世紀を代表するオーストリアの法学者・政治思想家であるハンス・ケルゼンは「被治者の過半数の同意」（過半数の人たちが同意した）にデモクラシーの価値があると主張しました。たしかに正統性は重要ですが、だからといって「デモクラシーは全知全能」というのは未熟な理解である、と言わざるを得ません。

しかしながら、もう一方の「Truth」のシステムも致命的な欠陥をかかえています。

それは「何が正しいか」を決める存在が万が一間違った判断をするようになったら、誰もそれをストップすることができない、ということです。

中国現代史はまさしくそのような危険を秘めたものでした。ソ連の独裁者スターリンによる粛清や、カンボジアのポル・ポトによる大虐殺、北朝鮮の独裁政治など、20世紀後半からの悲惨な虐殺・飢餓は、この「Truth」のシステムが誰にも止められなくなった中で起こったということを思い出す必要があります。

ヨシフ・スターリン
1878～1953
1922年から52年までソビエト連邦の最高指導者として君臨。政敵を次々と処刑した「大粛清」の犠牲者は一説によれば200万人といわれる。

2　中国──その理想と現実

毛沢東
1893〜1976
初代中華人民共和国主席。蒋介石の国民党を台湾に追いやった後、中華人民共和国を建国。以後、死去するまで最高指導者として独裁を貫いた。

天安門
正面に毛沢東の肖像画が掲げられている。国民党時代（1930〜40年代）には蒋介石（第9章）の肖像画が掲げられていた。

中華人民共和国は1949年10月1日に成立しました。

建国と同時に毛沢東が中央人民政府主席となります。彼は抗日戦線を指導し、国民党との戦いにも勝利した偉大な指導者でした。天才的な戦略家でもあります。

農村出身の毛沢東は、農民への深い理解と同時に、工業発展への無理解という危険性を持っていました。国民的なカリスマとのちには弾圧者という二面性があったため、「毛沢東は2人いた」とさえ言われました。

！ 大躍進政策の失敗

1958年からは毛の指導で「大躍進」が始まり、農村では人民公社がつくられました。

大躍進は15年で中国の工業生産力をイギリスと肩を並べるまでにしよう、という大胆な政策でした。毛沢東得意の大衆動員が行われ、原始的な溶鉱炉である「土法炉」での製鉄に多くの人が参加しました。しかし実際には土法炉で作られた鉄はわずかで、しかも質が悪く使い物になりませんでした。なんと、大切な農機具までもが土法炉に投げ込まれたのです。

人民公社は完全な平等主義に基づいた農業共同体で、すべての私有財産が公社のものとなり、すべての農民が共同生活し、すべての収入も全員に平等に分配されました。それは結果として農民の生産意欲を完全に奪うものでした。働いても働かなくても同じであれば、働かない方が得だと皆が考えたのです。

大躍進政策の結末は悲惨なものでした。農機具の欠如と生産意欲の減退、食糧生産の減少、しかも毛沢東の叱責を恐れた地方の幹部は虚偽の報告を中央政府に上げ続けました。その結果、自然災害とあいまって数千万人の膨大な餓死者を出すこととなりました。

その後、毛沢東路線の修正が行われ、鄧小平や劉少奇が実権を握りました。毛沢東は彼らを横目で見ながら、復権の機会を狙っていました。彼ら実権派に対する毛の反撃が「文化大革命」でした。

！ 文化大革命の狂気

1966年、文化大革命が発動されます。「あらゆる搾取階級の古い思想、古い文化、古い風俗、古い習慣を、大いに打ち破る」とした文化大革命は、実は若者たちの革命精神と自らへの個人崇拝を利用した毛沢東の権力闘争で

した。彼らの力によって実権派を追い落とし、国家を今一度作り直そうとしたのです。文化大革命は、国家の指導者が、自らの政府に対して行ったという意味で、世界に例のない革命です。

革命を守るとした若者・紅衛兵による集団リンチ、「資本主義の道を歩む」走資派・実権派への攻撃が繰り返され、ついには国家主席であった劉少奇^{りゅうしょうき}まで命を失いました。中国は文字通り「一度すべてをゼロに戻す」ためのパニックに陥ったのです。多くの犠牲者や、革命の中で起こった不信感は、中国社会に深い傷跡を残しました。

狂気の文化大革命は1976年の毛沢東の死去によってようやく終焉します。権力の座に復帰した鄧小平は1978年に「改革・開放政策」を唱え、計画経済・閉鎖体制から資本主義的な路線に中国を大きく転換させます。

鄧小平
1904～1997
毛沢東の死後、積極的な改革・開放政策によって市場経済を取り入れることで中国経済を再建した。

❗ 改革・開放路線と天安門事件

鄧の手法は毛沢東と比較すると、漸進的（少しずつ進む）で役立つものから採用するという実利路線でした。「黒い猫でも白い猫でも、ネズミを捕るのはよい猫だ」という言葉は、彼の現実主義的な考えをよくあらわしています。

社会主義市場経済という、経済的には市場経済であり、政治的には社会主義の継続との一見奇妙なシステムは、鄧小平の現実主義の最たるものでしょう。

すべての選挙区で競争率1倍？

参加できる人が多ければ、それだけでデモクラシーと言えるでしょうか。

筆者はかつて朝鮮民主主義人民共和国（北朝鮮）に調査に行ったことがあります。北朝鮮の国会にあたる万寿台（マンスデ）最高人民会議を見学した折りのこと、案内の女性が「わが国では完全な民主主義が行われています」と胸を張りました。北朝鮮の国会は一院制で当時の定員は687名、人口3万人を単位とした小選挙区制で選ばれるのだそうです。

そこで、「選挙区の競争率は何倍ですか」と聞きましたが、「競争率」という言葉が理解できないようでした。再度「1つの選挙区に平均何人の人が立候補しますか」と聞きなおすと、「すべての選挙区で1倍です」という答えが返ってきました。つまり「信任投票」です。

北朝鮮の選挙を描いた本によると、政府が候補者を決定して、国民はそれに賛成か反対かを表明します。ただし、誰が反対票を投じたかわかる仕組みがあります（萩原遼『ソウルと平壌』文春文庫、1998年）。早い話が反対派のあぶり出しです。これでは公平とはとても言えません。

いくつかの発展途上国では、形式的な選挙は行われても、与党が選挙の邪魔をして野党が著しく不利になる（あるいは野党は最初から勝つ可能性がない）ことがあります。選挙に参加できる政党や候補者を政府が決めていたり、選挙の際、野党に対する露骨な邪魔や候補者に危害を加えたり、命を狙うこともあります。

「参加」だけではなく、きちんとした「競争」があるということもデモクラシーの大事な要素なのです。

経済は自由ですが、政治はそうではありません。工場・企業などの生産手段および土地の私有化が、現実には認められながら、共産党の一党支配だけは堅持されたのです。改革・開放政策は中国の経済成長をもたらしましたが、一方でその影響は経済面だけでなく、国民の意識改革や政治的自由を求める声にもつながりました。

改革・開放政策の中で、政治的自由を求めて学生たちが起こしたのが1989年の天安門事件[*1]でした。

改革派指導者として学生に人気の高かった胡燿邦前党書記の死去をきっかけに、学生たちが北京の天安門広場に集結しました。共産党幹部の腐敗や政治的自由を求めて立ち上がった彼らは、必ずしも共産党の一党支配を否定する民主化を要求したとは言えません。

しかしこれを党への重大な挑戦と見た指導部は「動乱」と決めつけ、鄧小平はこの決定を支持しました。1989年6月4日、学生たちの運動は、世界中のマスコミが報道する中、人民解放軍によって鎮圧されたのでした。

この事件の詳細はまだ解明されていないところも多く、事件の再評価は中国の民主化の進展を示す1つのシンボルとして注目されています。

3 中国の光と闇

社会主義国である中国において民主化とは、共産党の一党支配が崩れることであり、権威主義体制側にとっては自らの全否定と同じ意味を持ちます。現在の中国の政治制度は、実質上、共産党以外の候補者が政治参加できないシステムです。

中国では国政レベルでの競争選挙は存在しません。1970年代末までは、制度上もすべての選挙で候補者は定数と同数でした（等額選挙）。79年に競争原理を入れて「差額選挙」にしましたがそれも限定的であり、しかもその過程で、共産党の指導が強い影響力を持ちます。

国家の重要政策や法律は、国会でなく共産党によって決定されます。三権分立が否定され、共産党がさまざまなネットワークで、政策決定と執行のプロセスを排他的に独占しています。国家の重要政策や法律は、全国人民代表大会の常設機関である常務委員会で決定されますが、そのメンバーはほとんど共産党員です。[*2]

[*1] **1989年の天安門事件**
周恩来追悼時に起きた1976年の第1次天安門事件と区別して「第2次天安門事件」、「6・4事件」とも呼ばれる。

[*2] **中国共産党員**
共産党員は、文字通り中国の権力を握るエリート。共産党によるさまざまな選考を経て選ばれる。「宗教を信じないこと」という党員の条件には、共産党が党以外を信じることを許さない一神教的な存在であることが感じられる。

都市部と富裕層

　国民の側の事情を見てみましょう。中国では中華人民共和国の建国前から、労働者層に比べて農民が国民の圧倒的多数を占めていました。改革・開放政策の恩恵を最も受けたのは、沿岸部を中心とした都市部でした。この都市部に、他の発展途上国と同じく、農村から人々が職を求めて都市へと流入を続けました。

　一方で、都市に住まうすべての人の所得が同じように伸びたわけではありません。経済発展が始まってからの都市部の所得分配を上位から20%ごとに見ると、真ん中の60%がほとんど変わりないのに対して、最上位20%の増大と最下位20%の減少には変化が見られます。つまり、豊かな人はさらに豊かに、貧しい人はさらに貧しくなったのです。

　所得の伸びは、都市部でも、特に最上層の人たちに最も恩恵を与えたのでした。経済成長によって著しく所得を増大させたのは、そのような限られた層でした。近年の北京大学の調査では、中国都市部の最富裕層（上位5％）と最貧困層（下位5％）の世帯収入差は実に242倍に達し、しかも拡大しているということです。

深刻な格差・社会問題

　拡大する所得格差は、中国において最も深刻な問題の1つです。
　ジニ係数[*3]という所得分配の不平等度を示す指数があります。

＊3　ジニ係数
ジニ係数は0から1の値をとり、0に近いほど所得分配は平等に近く、1に近いほど不平等となる。データは『中国統計年鑑』による。

　1980年代の中国は0.28と極めて平等な社会であったものが、90年代には0.38、20世紀末には0.44と明らかに急速に拡大しているのがわかります。西南財経大学家庭金融研究中心は2010年のジニ係数を0.61、他の研究機関も0.5以上と発表していますが、中国の国家統計局は2009年以降格差が縮小傾向にあるという推計を発表しています。不思議な相違です。

　格差は都市と農村だけでなく、省と省、都市内部でも存在します。

　所得分配が不平等化しているのは、高所得層の実質所得の伸びが、低所得層の伸びをはるかに上回ったためです。

　ただし、同時に経済発展の成果として、全体としてのパイの大きさが拡大して、貧しい層も前と比べれば豊かになっています。所得格差が拡大していても、全体としてレベルは上昇している場合、格差の拡大は必ずしも政治問題化しないことが考えられます。豊かな人も貧しい人も、それぞれの所得は増えているからです。

　問題は経済発展のスピードが鈍ったときです。何らかのきっかけで不平

経済学では市場全体をアップルパイなどに例えることがあります。

等観が表出し、政治変動に一気に火がつくことはありえます。順調に発展を遂げてきた経済成長が急降下した場合、所得分配の不平等性が露わになり、国民の不満に火がつくことがおそれられます。その意味で、中国は経済発展のスピードを緩めることができない社会だと言えるでしょう。

　社会指標の面から中国を見ると、経済発展が健康水準の向上を必ずしももたらしていないことがあげられます。医療保険のサービスを受けられない貧困層が大量に存在しています。

　加えて急速な少子高齢化の問題があります。人口抑制のために一人っ子政策[4]をとってきた中国は、先進国以上のスピードで高齢社会に突入します。

　最大の問題は「先進国にならないまま高齢社会に突入すること」です。2026年には65歳以上の老齢人口は14％を超えて中国は高齢社会となることが予想されています。しかしそのときの１人当たり国民所得の予想は中所得国に過ぎません。[5]

＊４　一人っ子政策
1979年から中国が行った人口抑制政策。２人以上の子をもつと課税など社会的制裁を受ける。中国の急激な少子高齢化の原因となっただけでなく、嬰児殺しなどによる男女比の不均衡や無戸籍児など、さまざまな社会問題を招いている。

＊５　拓殖大学と中国社会科学院の共同プロジェクトによる調査による。

4　日中関係と東アジアの未来

❗ 日中関係はなぜよくならないのか

　内閣府が実施している「外交に関する世論調査」によれば、調査が開始された1970年代から1980年代にかけての第１の時期、中国に「親しみを感じる」という日本人が、「親しみを感じない」を大きく上回っています。

　こうした状況が変わり始めたのが1980年代末、特に1989年の天安門事件は「国民を弾圧する強権体制」として中国のイメージを悪化させました。これ以後、「親しみを感じる」「親しみを感じない」が拮抗しています。

　2004年からは「親しみを感じない」という回答が６割以上を占め、「親しみを感じる」を大きく上回る状態が続いています。ちょうど第１の時期の逆ですが、日本と中国の経済的なつながりは比較にならないくらい強まっているにもかかわらずです。領土など政治問題が大きな影響を与えたことは確実です。

　中国では日本のように信頼性の置ける世論調査はないのですが、インターネット上のナショナリスティックな書き込みの多さや、何より反日デモの凄まじさから、国民感情が良くなっているとは到底思えません。

　経済的な結びつきはますます深くなる両国なのに、関係が良くならないのはまさしく「政治」に理由があるのだと考えられます。

　中国の台頭と日本の反発といった要因の他に、日本、中国の両方に、両国

東京・上野公園のパンダが「日中友好」のシンボルとしてやってきたのもこの第１期の1972年です。

関係の改善を望まない内部要因があると考えた方がよいようです。このうち特に中国側についてみれば、1990年代にはじめられた愛国主義教育の影響が大きいと思われます。

中国共産党の存在理由は2つあります。それは抗日戦線に勝利したことと経済発展が進展していることです。前述のように、中国は経済発展のスピードを緩めることができない社会です。特に格差の問題に火がつきそうになった時に、もう1つの存在理由である抗日が姿を現す、というのが筆者の考えです。

「国際政治は認識の形成をめぐる争い」という言葉があります。現実がどうであるか、というよりも、それを国民が、国際社会がどうとらえているかという方が重要だという意味です。現実と自分の認識について、両国民共に冷静に振り返ってみることが必要なようです。

❗ アジアで共同体は可能なのか

東アジア共同体という考え方があります。経済的な結びつきを強める東アジアの国が、EU（欧州連合）のように経済以外の面でも統合を深め、あたかも一国のようになる、という構想です。経済的な壁をなくし、人的な交流を自由にし、やがてはEUのように共通の通貨や財政政策を持つ——それは望ましい未来に違いありません。

お互いの間の関税を原則撤廃する自由貿易協定や、域外に対して共通の関税を設ける関税同盟であれば、現実的可能性はあります。しかしアジアにはヨーロッパよりもはるかに幅広い多様性があり、経済発展の段階や産業構造もさまざまです。単なる経済連携に限っても容易なものだとは思われません。

しかも、共同体というからには、経済的な関係を超えた共通の価値観が求められます。EUの場合、宗教としてのキリスト教、文化としてのヘレニズム（ギリシャ文化）、法体系としてのローマ法が、その共通の価値観として存在したとされています。政治的自由やデモクラシーという共通項のない中国や、個人崇拝の北朝鮮とどのような共通の価値観が可能なのか、大きな疑問にも思えます。

❗ デモクラシーは最悪の制度か

筆者は大学院の授業でよく、デモクラシーとそれ以外の体制（たとえば一党独裁）を比べて学生にメリット・デメリットを議論させます。

すると、はっきり言ってデモクラシーの旗色は悪いのです。たしかにデモ

クラシーは効率的ではありません。必ずしも正しい判断をするとは限らないことも、歴史が示しています。

しかし、デモクラシーの最大の利点は自己復元能力にあります。

この章の冒頭で紹介したチャーチルの言葉を直訳すると「デモクラシーは最悪の制度だ。ただし、他のすべての政治制度を除いての話だが」となり、デモクラシーを「Least Worst System」と言っています。この言葉は「デモクラシーとは最も過ちの少ない制度だ」という肯定的な解釈をされるべきであろうと思います。

衆知を集めるとよりよい結果を生む、「3人寄れば文殊の知恵」、というのが「人間の理想」です。一方で人間は過ちをするもの、それをカバーするのがデモクラシーというのが「人間の現実」ではないでしょうか。ここでもまた、リベラリズムとリアリズムのバランスが求められています。

一緒に未来を見て

アフリカの某国での話です。日本の青年海外協力隊と同じように、韓国もまた国際協力のために若者を海外に送り出しています。日本と韓国の協力隊員は、定期的にサッカーをして遊び、終了後は一緒にお酒を飲んだりします。そこでは「教育については日本が得意だから任せるね。代わりに韓国は医療に力を入れよう」といった相談や情報交換が行われているそうです。理想的なパートナーシップがそこにはあります。

ところが、もっと身近な問題、たとえば領土問題のようなテーマで日本人と韓国人が議論すると、し

ばしば堂々巡りに陥ります。パレスチナ問題と同じで、正解などあるはずもなく、ある意味どちらも正しいので譲るわけにはいかないからです。良きパートナー関係だったものが対立関係になってしまうのです。

「真のパートナーとは向き合ってお互いを見つめ合うことではなく、一緒に並んで同じ未来を見つめることだ」という言葉があります。日韓にかぎらず、東アジアの問題は東アジアだけを考えていても解決しない、というのが筆者の実感でもあります。

課題

この章のテーマを
さらに深めるために

● 中国の民主化の今後について、どのような要素があげられるか、どのようになっていくのか、さまざまな面から話し合ってみましょう。

● Right と Truth について、そのメリットとデメリット、デモクラシー以外の体制の有利なところと欠点について議論してみましょう。

● 日本は隣国である中国や韓国と領土問題を抱えています。その歴史的経緯について調べ、解決法を考えてみましょう。

4人に1人の子どもが死んでしまう 国家の多様性・地球社会の課題

第14章

ルワンダにて

ねぇ、この写真見て！ アフリカスタディー
ツアーに行った友だちが写してきたの。この
子、たくましそうな表情してるでしょ。

ほんとだ。たくましくなければアフリカでは生きていけない
ものね。平和ボケの僕たちは見習わなくちゃいけないな。

アフリカは希望の大地だからね。アフリカから紛争がなくなっ
て教育が普及すれば、食料危機やエネルギー問題もきっと解決
できると思うな。

作家の曽野綾子さんは、日本人にとってアフリカは「悲しいまでに
偉大な教科書」だと書いています。
グローバル化は今後ますます進むでしょう。自国の利益だけ考えて
いればいい時代ではなくなります。地球規模の問題は国境を超えて
解決していかなければなりません。

> この章で学ぶこと
> - 国家の多様性はなぜ生まれるのか
> - グローバルイシューとアフリカ
> - 人間の安全保障

1 国家の多様性

＊1 国連加盟国193か国（2019年10月1日現在）。このほかにバチカンなど国連に加盟していない国もある。

世界には190を越える主権国家があります。そこにはさまざまな国家とさまざまな政治・経済・社会状態が存在します。＊1

❗ 平均寿命84歳 vs 50歳──命に格差がある地球

国際社会には国内と違って「ひとつの政府」は存在しません。したがってこれらの主権国家の行動を縛るいかなる強制力もないのが現実です。

国連は「話し合い」の場ではありますが、とても世界政府とはいえません。世界議会というものもありません。オランダのハーグに国際司法裁判所がありますが、関係する両方の国が納得しなければ裁判そのものが始まりません。つまり、国内政治でいう行政府、立法府、司法府のいずれも国際社会には存在しないのです。

しかもそのような国家には、さまざまな多様性（経済的・社会的格差も）が現存しています。

平均寿命は正式には出生時平均余命といい、ゼロ歳児における平均余命（生まれたばかりの赤ちゃんがどのくらい生きると予測されるか）のことです。

＊2 日本人の平均寿命は84.2歳（2018年、世界保健機関：WHOによる）

日本は平均寿命が世界で一番長い国＊2です。厚生労働省の「2018年簡易生命表」によれば女性は87.32歳で世界2位、男性は81.25歳で3位です。

逆に世界で一番短いのは、アフリカのシエラレオネで50.1歳（2016年）。平均寿命はゼロ歳児における平均余命のことですから、乳幼児死亡率（4歳以下の子ども1000人当たりの死亡数）が、その国の平均寿命に与える影響は大き

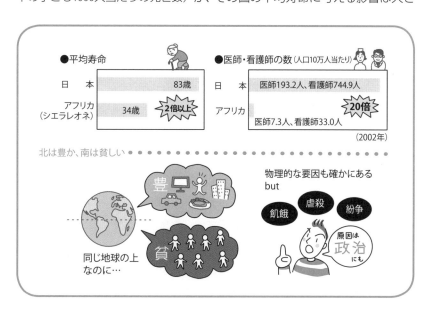

いのです。

シエラレオネの乳幼児死亡率は262（2010年）。4人に1人の子どもが5歳にならず死んでしまうことになります。平均寿命が短い国は乳幼児死亡率が多い国だという残酷な結果です。

実はシエラレオネの平均寿命は2002年ではなんと34.0歳でした。ダイヤモンドなど資源をめぐって10年以上続いた内戦が大きく影響しました。戦闘により、また十分な医療が受けられないことなどにより、小さな子どもを含め国民の命が奪われていきました。

2003年の乳幼児死亡率は316人で、5歳までになんと3人に1人が亡くなる計算です。この問題が世界の注目を集めたこともあり、状態は改善されましたが、それでも世界で一番短い人生は変わりません。

！ 何が格差を決めるのか

このような国家の多様性（格差）を決めるのは何でしょうか。

地理的な要因を始め、国際政治の物理的な環境を重視する考え方を地政学といいます。地政学は地理と政治を合わせてできた造語です。

地政学　geopolitics

南北問題　north-south problem

私たちが、どこに生まれたか、どのように育ってきたかに影響されるように、その国の置かれた地理的・地政学的条件が国家の多様性を大きく左右します。

南の開発途上諸国と北の先進諸国との所得格差やそれにまつわる諸問題を南北問題といいます。

この言葉で表されるように、「南」や「北」というのは若干の例外はあるものの、開発途上諸国が赤道を中心にそれよりも南に位置し、先進国が北に位置するという地理的な区分によって命名されました。

その国がおかれた環境も大きく影響します。たとえば、ロシアのような大陸国であるか、北朝鮮や韓国のような半島国であるか。半島国はしばしば外洋に出ようとする大陸国の通り道とされ、そのために多大な被害を被るという歴史を負ってきました。

内陸に位置することもその国の経済発展に障害となる可能性があります。

アフリカの内陸国にコンテナを運んだ場合、日本から港までの運賃より、港から現地までの運賃の方が高いこともしばしばです。

世界には37か国の内陸国[*3]があります。港を全く持たないこれらの国は、物流などに大きな影響が出ます。国民に必要な物資を運ぶ際にも、近隣諸国との関係に気をつけなければなりません。逆に日本のような島国は、海洋を使うことによって大量の輸送が可能です。

＊3　**内陸国**
海のない国々。カスピ海と黒海を海と認めても31か国ある。

天然資源も重要です。石油が産出する国はそれだけで資源の少ない国に

比べて豊かです。中東やアジアのブルネイなど産油国では、石油による国家収入によって教育や医療が無料の国も存在します。

多民族国家の政治的コスト

その国が、どのような民族・言語・宗教で成り立っているか、ということも国家の多様性と大きく関わります。

たとえば多民族国家であるシンガポールの大学の食堂には黄色とオレンジの2種類の色のお皿があります。イスラム教徒は豚肉を食べないだけでなく、それを原料としたラードなども食することを禁じられています。さらに豚肉を食べたお皿と同じように洗うことも、彼らにとっては「不浄」となります。そのために大勢の人が集まる大学の食堂では、お皿そのものを別々に用意しなければなりません。黄色とオレンジはイスラム教徒とそれ以外を意味しているのです。もちろん洗うところも別々です。

また、公用語だけで4つ*4あるシンガポールでは、それぞれの言語ごとにテレビのチャンネルも違います。これらの異なった宗教・言語を持った国民を統合していくことは、政治を行っていく上での大変なコストになります。

*4 **シンガポールの公用語** 中国語（北京語）が5割、英語が3割、マレー語（国語）が1割強、タミール語（インド）が1割以下という構成になっている。

植民地と制約要因

地政学的要因を前提として、それぞれの国は経済的発展を模索し、政治的な仕組みや国づくりをしてきました。

モノカルチャー経済とは、植民地支配を受けた多くの開発途上国に共通する経済構造です。植民地宗主国の経済のために、植民地にされた国は、現地の必要にはかかわりなく少数の農作物栽培や鉱物資源の生産に特化することを強制されました。たとえばイギリスの植民地だったマレーシアがスズやゴムの生産を強制されたことがその一例です（第11章）。

第2次世界大戦後に独立してからも、これらの諸国ではモノカルチャー経済が大きな制約要因となってきました。農産物など一次産品輸出に特化した経済の構造は、工業製品などに比べて貿易の条件が不利で、気候や豊作・不作などによる変動が激しいからです。

この経済的な後進性からの脱却が、開発途上国にとっては最優先の課題でした。「早く豊かになりたい」と開発を至上命題とすることで、政治的にもさまざまな制約がかかりました。

新興独立国にとってデモクラシーはいいことばかりではありません。政治変動は不安定を導き、複雑な民族問題や宗教上の対立から「選挙を実施す

ればするほど社会の分断が深まる」という悪循環さえ起こるようになっていたのです。たとえばルワンダの独立が民族対立を激化させる方向に作用したことを思い起こしてください。

このような、おかれた初期の条件を無視し、その政治体制を先進国と単純に比較し批判することには無理があります。

2　飢餓——政治が人を殺す

開発途上国ではしばしば飢餓が発生します。飢餓はなぜ起きるのでしょうか。

※5　アマルティア・セン『自由と経済開発』石塚雅彦訳、日本経済新聞社、2000年

「デモクラシーの国には大規模な飢餓は起きない」[*5]とノーベル経済学賞を受賞したアマルティア・センは言っています。彼のノーベル賞の受賞理由ともなった自由と開発の問題です。

！　食糧不足の原因は情報不足

センの研究によれば、ある国の全土で食料不足が起こることはまれです。ある地域で食料が不足していても、他の地域では十分な食料がある場合が多いのです。それなのになぜ飢餓が起こるのでしょうか。

政治体制が自由でない場合、国民が広く食料不足の情報を共有することがありません。したがって国全体としては食料が不足していなくとも、ある地域で不足しているという事実が伝わらず（あるいは政府によってわざと隠蔽されて）飢饉が起こることになります。

デモクラシーでない国は情報が偏っているため、せっかく国内に余剰の食料があるのに、情報不足のせいで分配できないわけです。中国の大躍進政策の結末はその悲劇的な例です。大規模な飢餓が起こるのが、デモクラシー以外の国に限られる理由です。

国家や政治は国民の運命を左右します。平均寿命差や飢餓も同じです。どの国に生まれるかで、命さえ大きく影響されるのです。まことに理不尽なことと言わねばなりません。

！　アフリカ——グローバル・イシューのデパート

環境問題、資源保護、国境を越える感染症など、地球規模で取り組まねばならない課題をグローバル・イシューといいます。

このグローバル・イシューが集中して現れている地域がアフリカです。私たちの体の一番弱いところに病気や故障が集中するように、地球全体から見て一番経済的・社会的に弱い地域であるアフリカに問題が山積みにされ

ています。アフリカの課題は世界の課題と言われる所以です。

　絶対的貧困とは「最低限の生活水準を維持することが困難なほどの所得水準にある」ことをいいます。サハラ砂漠以南の多くの国が絶対的貧困です。

　病原体が体内に侵入・増殖することによって引き起こされる病気を感染症といいます。マラリア、HIV/AIDS などの感染症が集中しているのもアフリカです。

　貧困や感染症をさらに悪化させる原因となっているのが、地域紛争や資源をめぐる争いです。アフリカは未着手の資源の塊の大陸でもあります。これをめぐってアメリカや中国など域外の大国を含め、さまざまな紛争が起こっています。植民地支配の残滓もあります。これらはいずれも絡み合って事態を複雑にしています。

笑顔はピカピカ（ルワンダ）

　政治的な理由（民族、宗教、政治的信条など）から迫害を受け、生命の危険から自由になるために祖国を脱出する人のことを難民といいます。難民は、経済的理由で祖国を離れ、より豊かな国へ移動する移民とは異なります。

　難民の流失も一番多いのはアフリカです。国内のコントロールを失った破綻国家と呼ばれる国家も出ています。

！ 感染症──AIDS と生きる

　エイズ患者の支援をしているタンザニア最大の NGO を訪問したときの話です。感染防止を訴える若者たちのグループ、エイズ孤児と保護者のグループ、エイズ感染者のグループ、ARV（抗レトロウィルス剤：エイズの発症を遅らせる薬）を服用している患者のグループと次々にディスカッションを行いました。

　両親をエイズで亡くした 6 人の子どもたちは、ほとんどが祖母に育てられていました。おばあさんにとっては、自分の子どもが亡くなり、孫もまた HIV に感染しているという二重の悲しみです。

　「子どもたちに質問はありませんか」との問いに、何を聞いたらよいか一瞬戸惑います。「何をしているときが一番楽しい？」と聞くと、恥ずかしがりながら「学校に行って勉強するとき」と答えてくれました。大きくなったらドライバーやドクターやパイロットになる、という子どもたちの望みに涙がこぼれそうになります。

　感染者（成人）30名ほどとのディスカッションに移りました。ARV を投与されている人は、HIV 患者の中では恵まれていると言えるでしょう。「日本ではエイズ患者はどう扱われているのか」との問いに、「日本での感染率は0.1%以下です。ただし増加率は先進国でも高いほうでしょう」と答えたも

アフリカで発生した AIDS が短期間で世界中に広まったのは、冷戦当時アフリカに展開していた社会主義国の軍隊を通じてだと言われています。

のの、具体的な知識・体験不足を痛感しました。

　十分なケアと栄養が与えられ、ARV が投与されれば、たしかに HIV はすぐに死と結びつく病気ではなくなりました。ただし豊かな国ではそれが可能でも、１人当たり国民所得（年間）が300米ドル程度の多くのアフリカ諸国では難しいのです。

！ 難民——カクマ難民キャンプ

金網から手を伸ばす難民キャンプの子どもたち（ルワンダ）

　世界最大の難民キャンプの１つである、ケニアのカクマを訪ねたことがあります。UNHCR（国連高等難民弁務官事務所）の車に先導され、フル装備の護衛の車に前後を守られて難民キャンプに入ります。それがゲリラによる銃撃を避けるための速度だったことを後で聞かされました。

　ハリウッドの有名な女優の建てた小学校、エチオピア難民を中心とした新しい難民キャンプ、難民の受け入れを担当するレセプションセンター、ドイツの NGO と UNHCR の共同プロジェクトである植林センターなどを訪問しました。中にはマーケットやネットカフェもあり、キャンプと言うよりひとつの都市です。

　食糧配給センターでは、食べ物を求める人たちと金網越しに対面して強烈な印象を受けました。「ここでは写真を一切撮らないこと。中に入ったら質問を一切しないこと」という注意が、事前に担当者からありました。「不親切だな」と一瞬感じましたが、木造の建物に入って、その理由が嫌というほどわかりました。

　誰もが殺気立っているのです。中央の通路は厳重な金網で覆われており、

PKO、その可能性と限界

　紛争当事者の合意にもとづいて戦闘の中断を維持し、再発を防止するための国連活動のことを平和維持活動（Peace-Keeping Operation：PKO）といいます。主として国連の安全保障理事会の決議によって個別に設置され、要員は加盟国が任意で提供し、経費は自発的拠出金および特別予算によって賄われます。

　冷戦後、国連はそれまでの国家間の争いから多発した新しいタイプの民族・宗教紛争への対応に追われました。PKO も従来の活動から、選挙監視や人道的援助活動の安全確保など多様な任務を引き受ける

ようになりました。一部では多国籍軍や、自衛を超える武力行使が許容されるようになりましたが、必ずしも成功したとは言えません。ルワンダの虐殺でも、国連はそれを防ぐことができませんでした。

　国連安全保障理事会の常任理事国は、いずれも世界の武器輸出大国です。その大量の武器のばら撒きにより起こる世界の紛争に、国連自身が対応できなくなってきているのは大きな矛盾です。乏しい資金と限られた要員を含め、21世紀の国際社会に見合った PKO のあり方が模索されています。

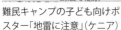

難民キャンプの子ども向けポスター「地雷に注意」（ケニア）

著者たちはそこを通って進みます。スタッフは金網に開いている窓口から、規定の量の食料を難民に渡します。誰もが、少しでも多く、と手を突き出してきます。全員が必死です。のんびり質問をしたり、写真を撮ったりという雰囲気ではとてもありません。

引き続きカトリック団体が精神の障害やトラウマを持った子どものケアを行っているデイケアセンターや、カクマキャンプ病院に向かいました。病院（といってもただのテントですが）では子どもたちが炎天下でハエにたかられながら寝ています。ここに入るのさえ待っている人が多いとのことです。

UNHCRのオフィスで帰国するスーダン難民の女性と話しました。14年前にこの難民キャンプに来て、この地で結婚して4人の子どもを抱えているとのこと。「私はここで、とても14年間も暮らせないな」。女子学生がつぶやきました。

近隣の戦傷病院も訪問しました。スーダン内戦が進行していたころには戦いで傷ついた人を収容した病院でしたが、現在は赤十字がスーダン国内に移動し、ケニア政府による経営に移管されました。緊急援助時にはフル稼働していた自家発電機を動かす費用がなく、血液の保存も手術もできないのだそうです。「緊急」なら金が来るが、それ以外では何もないという矛盾に立ちすくみました。

3 持続可能な開発目標（SDGs）

国連は2000年9月に「国連ミレニアム宣言」を採択し、8つの具体的目標・21のターゲットからなる「ミレニアム開発目標」（MDGs）を定めました。2015年9月の総会ではMDGsを引き継ぐものとして「持続可能な開発目標」（SDGs）が193の全加盟国によって決められました。

SDGsには、2030年までの15年間ですべての人々にとって良い世界を作るため、極度の貧困をなくす、すべての子どもが良い教育を受けられるようにする、地球が汚染されず健全であるように消費や生産の方法を変えていくなど、世界にとって重要な17の目標＊6が含まれています。

これからは、政治、経済、観光、文化、農業そして私たちの生活も、SDGsを基本にして考えなければならない時代となっていくでしょう。

＊6 **SDGsの17の目標**
貧困をなくす／飢餓をなくす／健康である／質の高い教育／ジェンダーの平等／清潔な水と衛生／再生可能なエネルギー／適切な良い仕事と経済成長／新しい技術とインフラ／不平等を減らすこと／持続可能なまちと地域社会／責任を持って生産し、消費する／気候変動への対応／海の命を守る／陸の命を守る／平和で公正な社会／目標のために協力すること

！ 国家の多様性と人間の安全保障

国家の多様性を生むものにはまず地理的・地政学的要因があります。しか

し政治もまた国家の多様性に大きな役割と責任があります。

　先進国において、権力はさまざまな形でコントロールされています。しかし多くの発展途上国、特にアフリカでは、むき出しの権力に人びとの命がさらされているのが現状なのです。そして、国内政治と違って人びとを保護すべき統一した政府も、国際社会には存在しません。

　安全保障という言葉は、本来、国と国との間に使われる言葉でした。しかし最近では、国家が守ってくれないような人たちの「生」を守るためにも、人間の安全保障という言葉が使われています。

＊7　「人間の安全保障委員会」報告書、2003年5月

　人間の安全保障は、「人間の生にとってかけがえのない中枢部分を守り、すべての人の自由と可能性を実現すること。また、生存、生活及び尊厳を確保するための基本的な条件を人々が得られるようなシステムを構築すること」＊7と定義されています。これまでの安全保障の概念と異なり、著しく幅広い概念です。これもまた、国家の多様性を克服しようとする試みということができるでしょう。

！ 最後に——アフリカと日本

　アフリカは、たしかにむき出しの国際政治の舞台です。

　ルワンダの虐殺から、AIDS と向き合う姿から、ケニアの難民キャンプから、そしてコンゴ民主共和国など今も続く紛争から、私たちは何を学ぶべきなのでしょうか。日本ができること、なすべきことは何でしょうか？

文化が違っても心は通じ合う
（拓殖大学アフリカスタディーツアー）

　まず、日本人がアフリカの現実を「知る」ことが重要です。そこから「なぜ、こんな悲劇が起こったのだろうか」「このようなことを二度と起こしてはならない」「何とかして彼らを救いたい」という気持ちが起こってくるのは必然でしょう。自分たちの社会も、同じような危うさを含んでいるのにも気づくと思います。

　インドの聖人マザー・テレサはこう言っています。「愛情の反対は憎しみではありません。それは無関心です」。知らなければどんな感情も起きてきません。

　アフリカを悲惨な状況に追い込んだ、国際政治の文脈にも注目しなければなりません。

　エスニックの対立を煽った植民地支配。イギリス、フランスなどの植民地旧宗主国やアメリカを巻き込んだ熾烈な資源争奪戦。そしてアフリカの各地で増大する中国の存在感。悲劇の裏に流れている冷徹なリアリズム、国際政治の原理を見据えなければ、本当の解決は見えてきません。

　次に逆説的ですが、日本がこれまでアフリカにかかわってこなかったか

らこそ、成し遂げられることもあります。

　高校生のときに見たルワンダの虐殺の写真に衝撃を受け、武装解除の専門家となった瀬谷ルミ子さんは次のように述べています。

　「平和な日本で生まれ育った自分が、世界のどこかで起こっている紛争や、そこに生きる人たちのことを考える必要があるのだろうか？　と感じる人はきっと多いと思う」。しかし、彼女は日本の持つ中立性と第2次世界大戦後の復興の経験が、世界各地の紛争に大きな影響を与えているという事実があると言います。

　「アフガニスタンでは、日本人が言うからと、信頼して兵士たちは武器を差し出した。ソマリアでは、アフリカで植民地支配をしたことがなく、支援を行う際にも政治的な思惑をつきつけない日本は、中立的な印象を持たれている。そして、第二次大戦であそこまで破壊された日本が復興した姿を見て、今はボロボロの自分たちの国も、日本のようになれるのではないかという希望を与える存在となっている。日本が背負ってきた歴史的経緯は、他の国がどれだけお金を積んでも手に入られない価値を持っているのだ。

　日本人の多くは、それを知らない。そして、世界で一定の地位を築いた今、道を見失い、自信を失っている。」[*8]

　3つ目は日本人の誇りの再構築です。

　日本人の大部分は「貧しさ」を知りません。多くは、自分たちがどんなに豊かで、安全で、守られた環境に生きているかということに気づかないままです。したがって、自分たちが恵まれていることに感謝することも忘れています。

　上下水道がほとんど普及していないアフリカでは、水を井戸に汲みに行くのは女性や子どもの仕事です。まだ10歳にもならない小さな子どもたちが、ポリタンクを抱えながら、時には数キロも離れた井戸まで水汲みに出かけるのを見ると心を動かされます。

　人間は自分のことだけを考えていても幸せにはなれません。「利己的」であることは生きるために必要ですが、同時に「利他的」であることが生きる意味を与えてくれます。他人のために力を使ってこそ、初めて人としての誇りが得られます。そのためにはリアリズムとリベラリズムの「複眼思考」が必要です。

　まず世界のことを知り、日本人であることの誇りを持ち、貧しい人・虐げられた人たちのために力を使うこと。それこそが日本人に喜びと誇りをもたらすのだと、アフリカを訪れた経験が教えてくれました。

瀬谷ルミ子
1977年生まれ。日本紛争予防センター（JCCP）理事長。高校3年のとき、新聞でルワンダ虐殺の写真を見て、紛争解決を職業とすることを決意する。ルワンダのNGOで働いたのち、国連PKOで各国の武装解除、紛争予防活動を行う。

*8　瀬谷ルミ子『職業は武装解除』朝日新聞出版、2011年

恵美、被災地にボランティアに行ってきたんだって？　えらいね！
ひょっとして政治学の講義に感動して人の役に立ちたくなったの？

そんな立派なもんじゃなくて、友だちに誘われたから軽い気持ちで行ったんだけどね、被災者の方から「ありがとう」って何度も言われて、逆に元気をもらったというか、生きているという実感が沸いたというか、ちょっと感動したな。

へえ。先生の言ってた「人のために力を使ってこそ人としての誇りが得られる」ってそういうことなのかな。政治の出発点って意外と身近なところにあるのかもしれないね。

「他人を幸せにすることで自分が幸せになる」のは究極のリベラリズムです。たしかに現実の政治の世界には醜いことや目を背けたくなることがたくさんあります。でも、そこから逃げないでしっかりと向きあっていけば、きっと人間の素晴らしさが見えてきます。
未来をつくっていくのは政治家ではなく私たちです。政治学は人間学、ぜひこれからも関心をもちつづけてくださいね。

課題

この章のテーマを
さらに深めるために

● 国と国との多様性、あるいは格差を生み出すものは何でしょうか。自分の知っている実例から話し合ってみてください。

● ミレニアム開発目標の詳細と、なぜその実現が難しいかについて考えてみましょう。

● 日本はアフリカにどのような援助をしていますか。それはどのような意味があるのでしょうか。

価値観ランキング

　人にはそれぞれ、自分が大切に思っている価値があります。「何ごともルールが大切だ」という人も、「楽しけりゃ何でもいい」という人もいるでしょう。「世の中、お金がすべて」と信じている人もあれば、「健康のためなら死んでもいい」（？）というのもアリです。

　筆者は「政治学」の授業の初回に次の10の言葉（A〜J）を出して、受講生に自分の価値観で大切だと思う順番に1番から10番までランキングをつけてもらっています。まずは皆さんもお友だちと一緒にやってみてください。右の番号①〜⑩の隣に書き出してもいいですし、めんどうならば線で結ぶだけでもかまいません。

A	正しさ	①	_____
B	やさしさ	②	_____
C	目標の達成	③	_____
D	自分らしさ	④	_____
E	学問	⑤	_____
F	誠実さ	⑥	_____
G	楽しいこと	⑦	_____
H	強さ	⑧	_____
I	平和	⑨	_____
J	お金	⑩	_____

　さて、どうなりましたか？　お友だちと結果を比べてみてください。まったく同じになる……わけはありませんよね。

　筆者は数十回にわたり、おそらく数千人の学生にこのエクササイズをやってもらいました。ランキングをつけた後は、少人数に分かれて「なぜ自分はこのような順番にしたのか」をお互いに説明してもらいました。

　その結果わかったこと。これまで1回も自分と同じランキングをつけた学生に出会ったことがありません。学生同士でもそうです。なにしろこの順位づけには362万8800通りの選択肢があります。そう簡単に一致するわけはありませんね。

　ちなみに、芸能人の離婚理由第1位は……そう、「価値観の相違」なのです。選択肢が10だけでも362万8800通りの違いがあるのですから、価値観の相違はおそらく人間の数だけあるのが事実だと思います。

　つまり問題は、「価値観の相違が許せなくなること」なのです。そこにケンカや争いごと、紛争や戦争の原因が潜んでいます。

　「違う価値観の人たちとどう共存するか」。それが政治の要諦であり、わたしたちに課せられたテーマだと思います。

主な参考文献　◆これから読み進めてほしい本◆

第1章　久米郁男ほか『政治学〔補訂版〕』有斐閣、2011年
政治が難しいという印象と、政治については誰でも語ることができるというギャップを埋めようとした意欲的なテキスト。わかりやすく、包括的です。

第2章　金野策一・日本政策学校『未来の選択―僕らの将来は、政策でどう変わる？』ディスカヴァー21、2013年
若者向けに、日本政治のさまざまな課題をわかりやすく解説し、具体的な政策のポジションまで提示しています。若い世代にぜひ手に取ってほしい1冊です。

第3章　川出良枝・谷口将紀『政治学』東京大学出版会、2012年
「民主政治を理解するための政治学」を志した書。思想・イデオロギーでもあり、制度・体制でもあるデモクラシーを、民主政治の担い手としてどう理解・活用するか。表記も平易で読みやすいテキストです。

第4章　アレンド・レイプハルト（粕谷祐子訳）『民主主義対民主主義』勁草書房、2005年
比較政治学の代表的なテキストです。36のデモクラシーの国を比較しています。彼のつくった「多極分散型デモクラシー」という言葉も有名です。

アレクシ・ド・トクヴィル（井伊玄太郎訳）『アメリカの民主政治』講談社学術文庫、1987年
1831年の春、フランスの貴族アレクシ・ド・トクヴィルは友人とともに9か月におよぶアメリカ合衆国をめぐる旅を始めました。青年期のアメリカとそのデモクラシー、その息吹と課題をみずみずしくとらえた名著です。

第5章　佐々木信夫『地方は変われるか―ポスト市町村合併』ちくま新書、2004年
市町村合併がなぜ必要だったのかから始まり、地方分権にいたるさまざまな課題がコンパクトに説明されています。理論と実践を踏まえた、わかりやすい本です。

第6章　草野厚『政策過程分析入門〔第2版〕』東京大学出版会、2012年
政策過程に関する事例研究の意義と有用性を説明し、いくつものモデルを示してその実践の方法を明らかにしています。私たちの政治意識を高め、日本の政治をよりよくすることを考えてつくられた意欲的なテキストです。

第7章　ハンス・J. モーゲンソー（現代平和研究会訳）『国際政治―権力と平和〔新装版〕』福村出版、1998年
リアリズムの古典的名著です。一国の力の源泉は軍事力であり、国益、バランス・オブ・パワーなどの考えを詳しく知ることができます。

中西寛・石田淳・田所昌幸『国際政治学』有斐閣、2013年
世界の国際政治学の研究を参照しながら日本の国際政治の問題意識を反映したテキストです。最初にリアリズムとそれへの挑戦としてのリベラリズムという分析枠組みが示されています。

第8章　ジョセフ・S. ナイ, Jr.（田中明彦・村田晃嗣訳）『国際紛争―理論と歴史〔第10版〕』有斐閣、2017年
(Joseph Nye. Understanding International Conflicts. New York：Longman, 2003)
アメリカの大学で使われている国際政治・安全保障の代表的テキストです。筆者はホワイトハウスでも活躍した実務家でもあります。英語の原書に挑戦してみるのもよいかもしれません。

DVD『映像の世紀』 NHK エンタープライズ、2005年

20世紀は映像が初めて登場した世紀でもありました。貴重な映像を使いながら戦争の悲惨さや当時の息吹を伝えています。ヒトラーがどのように大衆の心をつかんだか、演説シーンは必見です。

第 9 章　**池上彰『そうだったのか現代史』** 集英社、2000年

冷戦の始まりから湾岸戦争まで、現在を理解するための現代史が、実にわかりやすく活き活きと描かれています。本書のライバルでもあります⁉　続編『Part 2』もお勧めです。

第 10 章　**橋爪大三郎『世界がわかる宗教社会学入門』** ちくま文庫、2006年

東京工業大学での著者の講義録。ユダヤ教、キリスト教、イスラム、仏教をはじめ、人類の叡智としての宗教がわかりやすく紹介されています。本書を始め、筆者の宗教に関するわかりやすい解説シリーズもお勧めです。

第 11 章　**大津司郎『アフリカン・ブラッド・レアメタル』** 無双社、2010年

1994年のルワンダ虐殺から現在もコンゴ民主共和国で続く「虐殺の道」をアフリカ取材歴40年、渡航170回のジャーナリストが書き留めた本です。生々しい体験を通じ、日本人がいかにアフリカに無知であるか痛感します。

第 12 章　**末廣昭『タイ　開発と民主主義』** 岩波新書、1993年

開発と民主主義について、タイを舞台に途上国が直面する難問についてわかりやすく書かれています。本書が対象としているのは、1992年の民主化運動ですが、その後のタイの状況と併せて考えさせられる本です。

川中豪（編著）『後退する民主主義 強化される権威主義』 ミネルヴァ書房、2018年

民主化への失望は民主主義を後退させ、権威主義の強化を生んだようにも見えます。世界各国の事例からデモクラシーを考え直す試みです。タイについては上記『タイ 開発と民主主義』のその後を補う部分もあります。

第 13 章　**園田茂人（編著）『はじめて出会う中国』** 有斐閣、2013年

「中国を統治する共産党とはどんな存在か」「中国はどのように豊かになって来たのか」「中国は世界への挑戦・脅威なのか」という 3 つの疑問に、丁寧に応えた本。横断的で、初学者向けでありながら奥が深い本です。

第 14 章　**緒方貞子『紛争と難民―緒方貞子の回想』** 集英社、2006年

UNHCR は世界の難民保護と難民問題の解決を先導し調整する目的で1951年に国連に設立された機関です。1954年と1981年にノーベル平和賞を受賞しました。UNHCR の国連難民高等弁務官を1990〜2000年に務めた筆者が描く紛争と難民の実情。「人道問題に人道的解決なし」（No humanitarian solutions to humanitarian problems）とは現場で苦悩した者だけができる問題提起だと思います。

※なお、本書に掲載した写真のうちクレジットのないものは著者撮影もしくは Wikimedia commons の提供による。

著者● 甲斐信好 かい のぶよし

1958年、福岡県北九州市生まれ。一橋大学社会学部卒業、東京工業大学大学院社会理工学研究科修了、学術博士（Ph.D）。松下政経塾第3期生。国会議員の政策スタッフ、松下政経塾研修主担当・広報主担当・京都政経塾塾頭などを経て、現在、拓殖大学国際学部教授。専門は比較政治学、東アジアの民主化。

シリーズ監修者● 渡辺利夫 わたなべ としお

1939年生まれ。拓殖大学学事顧問、東京工業大学名誉教授、経済学博士。『成長のアジア　停滞のアジア』（東洋経済新報社、1985）で吉野作造賞、『開発経済学』（日本評論社、1986）で大平正芳記念賞、『西太平洋の時代』（文藝春秋、1989）でアジア・太平洋賞大賞、『神経症の時代－わが内なる森田正馬』（TBSブリタニカ、1996）で開高健賞、第27回正論大賞（2011）など、受賞多数。

プレステップ 政治学〈第3版〉

2008（平成20）年4月1日　初　版1刷発行
2014（平成26）年4月15日　第2版1刷発行
2020（令和2）年3月30日　第3版1刷発行

著　者　甲斐　信好

発行者　鯉渕　友南

発行所　株式会社　弘文堂　　101-0062　東京都千代田区神田駿河台1の7
　　　　　　　　　　　　　　TEL 03（3294）4801　　振替 00120-6-53909
　　　　　　　　　　　　　　https://www.koubundou.co.jp

デザイン・イラスト　高嶋良枝
印　刷　三報社印刷
製　本　三報社印刷

ISBN978-4-335-00151-2